48 STUNDEN IN DEUTSCHLAND

Wie kein anderes Gebäude in Dresden erinnert der Zwinger an den prunkvollen Barock.

Barbara Riedel

48 STUNDEN IN DEUTSCHLAND

Reisevorschläge
für Aktivurlauber,
Kulturfans und
Erholungssuchende

BRUCKMANN

Inhalt

Unser Nachhaltigkeitskodex

Die Welt birgt viele Wunder, Abenteuer und spektakuläre Aussichten, die wir gerne erkunden möchten. Doch sie ist auch leicht aus dem Gleichgewicht zu bringen. Hier ein paar Tipps, wie wir unsere Welt nachhaltig entdecken können:

- **Die Hauptsaison meiden:** Wenn wir nicht gerade auf die Ferienzeiten angewiesen sind, können wir der Umwelt einen großen Gefallen tun, indem wir in der Nebensaison verreisen. Damit tragen wir zu einer gleichmäßigeren Auslastung der Umwelt und der Infrastruktur bei, und der Urlaub wird dazu auch noch wesentlich entspannter.
- **Die Aufenthaltsdauer dem Reiseziel anpassen:** Je weiter das Reiseziel ist, desto länger sollte der Aufenthalt sein. Dadurch lernen wir die Region nicht nur intensiver kennen, sondern stärken sie ganz nebenbei noch durch unsere Ausgaben vor Ort. Anfahrtsintensive Tagesausflüge sollten besser vermieden werden, das bedeutet nur Stress, sowohl für die Umwelt als auch für uns selbst.
- **Auf umweltschonende Verkehrsmittel setzen:** Wo es möglich ist, reisen wir mit öffentlichen Verkehrsmitteln an. Das reduziert nicht nur die Luftverschmutzung, sondern schont auch unsere Nerven. Falls das nicht geht, helfen verschiedenste Plattformen dabei, den CO_2-Ausstoß auszugleichen, vor allem, wenn das gewünschte Reiseziel nur mit dem Flugzeug zu erreichen ist.
- **Nur dort parken und campen, wo es erlaubt ist:** Selbst wenn wir uns noch so vorbildlich verhalten und unseren Aufenthaltsort so hinterlassen, wie wir ihn vorgefunden haben, stören wir den Lebensraum von Wildtieren und hinterlassen Spuren und Gerüche. Auch Lagerfeuer entzünden wir ausschließlich an den dafür vorgesehenen Stellen und achten dabei auf Waldbrandstufen und Naturschutzgebiete.
- **Ressourcen gewissenhaft nutzen:** Manche Umweltressourcen sind bereits knapp, endlich sind auf jeden Fall alle. Um sie zu schonen, sollten wir sparsam mit ihnen umgehen, gerade in Gegenden, in denen zum Beispiel Wasser oder Strom nicht im Überfluss vorhanden sind.
- **Ein guter Gast sein:** Nachhaltig unsere Umgebung zu erkunden, bedeutet auch, der hiesigen Flora und Fauna mit Respekt zu begegnen. Pflanzen sollten auf keinen Fall gepflückt werden, aber sie stehen uns bestimmt gerne Modell für das eine oder andere Foto. Das Gleiche gilt für wilde Tiere: Wir füttern sie nicht, halten Abstand und beobachten sie aus der Ferne.
- **Auf den Wegen bleiben:** Wer die vorgegebenen Wege verlässt, dringt nicht nur in die Rückzugsräume heimischer Arten ein, sondern trägt auch dazu bei, dass sich neue Wege bilden, was zur Erosion des Bodens führt.
- **Abfall wieder mitnehmen:** Plastikverpackungen jeglicher Art, Dosen, Flaschen und Papiertaschentücher (es dauert Jahre, bis sich ein einzelnes Taschentuch vollständig abgebaut hat!) gehören nicht in die Natur, sondern artgerecht entsorgt. Am besten gleich eine wiederverwendbare Brotdose oder Trinkflasche mitnehmen. Dazu zählen natürlich auch Toilettenpapier und der Inhalt von (Chemie-) Toiletten. Entsprechende Entsorgungsstationen finden sich überall.
- **Lokal kaufen:** Dadurch lernen wir Land und Leute besser kennen und unterstützen die regionale Wirtschaft, außerdem sind regionale Produkte meist auch preisgünstiger und qualitativ hochwertiger.

Damit der Spreewald ein wunderschönes Erholungsgebiet bleibt, müssen wir die Natur schützen.

Vorwort

Stellen Sie sich vor: ein Wochenende, das Sie durch die geschäftigen Gassen historischer Städte führt, wo jede Ecke Kultur und Geschichte atmet. Und dann, fast nahtlos, finden Sie sich in der Stille und Schönheit des Umlands wieder – ein Kontrast, der das Herz jedes Reisenden höherschlagen lässt. Ob es das sanfte Rauschen des Windes im Wald ist, die friedliche Stille am Ufer eines Sees oder eine Radtour zu den schönsten Highlights der Region – hier finden Sie Orte und Aktivitäten, die nicht nur besucht, sondern erlebt werden wollen. Und das gleich 30-mal! Denn in diesem Buch lade ich Sie dazu ein, die perfekte Mischung aus urbanem Flair und ländlicher Idylle zu erleben, verpackt in 30 unvergessliche 48-Stunden-Trips.

Dieses Buch soll für jeden etwas bieten – sei es Kultur, Aktivität oder Entspannung. Die Mischung macht's! Und so erwartet Sie ein bunter Blumenstrauß an Vorschlägen, bei denen Sie für gewöhnlich immer zwischen einer aktiven und einer entspannten Möglichkeit wählen können. Ganz nach eigenem Gusto. Ihnen ist nach einem Wellness-Wochenende? Kein Problem! Oder doch lieber Kultur? Gerne! Ihr Körper verlangt nach Bewegung? Bekommt er!

Das Beste daran? Sie müssen nicht lange suchen. Das habe ich bereits für Sie übernommen und so können Sie Ihren Ausflug ganz nach Ihren Vorlieben gestalten. Es ist wie eine Einladung, in ein buntes Mosaik aus Erlebnissen einzutauchen. Die verschiedenen Steine sind bereits ausgesucht, nun erstellen Sie das fertige Bild.

Ich hoffe, dass dieses Buch nicht nur ein Wegweiser, sondern eine Inspirationsquelle für Sie sein wird. Möge es Ihnen helfen, Ihren ganz persönlichen Lieblingsort in Deutschland zu finden und viele Wochenenden zu erleben, die Sie nicht so schnell vergessen werden. Freuen Sie sich auf unzählige Momente voller Entdeckung, Genuss und Erholung.

Gehen Sie auf diese wunderbare Reise und entdecken Sie Deutschland in all seinen Facetten. Ich wünsche Ihnen unvergessliche Erlebnisse und viele glückliche Stunden auf Ihrem ganz persönlichen Kurztrip.

Herzlich
Ihre Barbara Riedel

← Die schönste Tageszeit? Definitiv Sonnenuntergang, wenn sich der Himmel in den schönsten Farben färbt

1 Im Land der Förde in Flensburg und Glücksburg

Die historische Hafenstadt Flensburg lockt mit hübschen Gassen, lebhaften Cafés und einzigartigen Geschäften, Glücksburg mit dem prächtigen Wasserschloss und idyllischen Stränden. Hier wartet ein Wochenende voller Charme und Mee(h)r!

Wo Geschichte auf moderne Lebensfreude trifft …, wo die Natur in ihrer schönsten Form erlebbar wird …, wo einem stets die Brise der Ostsee um die Nase weht, da ist man in Flensburg und Glücksburg.

In Flensburg stecken der historische Hafen und die engen Gassen voller Leben. Die Altstadt lädt zu einem Bummel ein, bei dem die reiche Geschichte der Stadt an jedem Straßeneck spürbar zu sein scheint. Es gilt, kleine, individuelle Geschäfte zu entdecken, die von maritimen Souvenirs bis hin zu lokalem Kunsthandwerk alles bieten. Zu einer gemütlichen Pause laden die zahlreichen Cafés ein und wer Bier nicht nur als alkoholisches Getränk, sondern als Symphonie zwischen Hopfen und Malz empfindet, sollte unbedingt ein traditionelles Flensburger Pilsener probieren.

Auch die maritime Seite Flensburgs will erkundet werden: entlang des Hafens schlendern, wo historische Schiffe und moderne Yachten Seite an Seite liegen oder das Schifffahrtsmuseum besuchen und in die Welt der Seefahrer und Händler eintauchen.

Dann geht es nach Glücksburg, bekannt für sein beeindruckendes Wasserschloss, eines der bedeutendsten Renaissanceschlösser Nordeuropas. Umgeben von einem malerischen See und einem herrlichen Park ist das Schloss ein Muss für jeden Besucher. Wer mehr über die Geschichte und die Bewohner des Schlosses erfahren möchte, sollte eine Führung in Erwägung ziehen.

Entspannung findet man an den Stränden von Glücksburg. Spazieren entlang der Küste, genießen der frischen Seeluft und des Blicks auf die Ostsee … Für Aktivurlauber bietet die Umgebung ideale Bedingungen zum Segeln, Windsurfen oder Stand-Up-Paddling, aber auch Wandern und Radfahren.

Ein Wochenende in Flensburg und Glücksburg ist eine perfekte Mischung aus Kultur, Natur und Genuss – ein Erlebnis, das lange in Erinnerung bleibt.

↗ Blick auf das malerische Flensburg, wo Segelschiffe sanft am Ufer ruhen

Ankunft

ABEND

Eines der kleinsten Theater Deutschlands

Seit über 30 Jahren ist das **Orpheus-Theater** ein Juwel der Kulturszene und bietet ein intimes Ambiente für 60 Zuschauer. Es zeichnet sich durch ein detailreiches, farbenfrohes Interieur und die Nähe zu bekannten Künstlern aus. Das Theater setzt auf eine sorgfältige Auswahl von Darbietungen, von dynamischen Songs bis hin zu leisen Tönen und Song-Kabarett.

Ein kreativer Abend

Der ausgedehnte Kreativabend im **Atelier Kritzelei** bietet freitags bis 22 Uhr Gelegenheit zum Malen – Begrüßungssekt inklusive. Anfänger erhalten eine Einführung und können aus verschiedenen Vorlagen, Stempeln und Schablonen wählen. Eine vorherige Tischreservierung wird empfohlen. Im Preis sind Studionutzung, Materialien sowie Glasur und Brennen inbegriffen.

Tag 1

VORMITTAG

Über Land und Lüüd

Bei einer **historischen Stadtführung**, einem Spaziergang durch die südlichen Altstadtgassen, erleben Teilnehmer eine lebendige Tour. Gekleidet mit Hut und Parapluie erzählt die Flensburgerin Emilie Hansen Geschichten aus ihrem Leben und über die Menschen der Region. Die Route führt durch die malerischen Höfe der Roten Straße und beinhaltet einen Stopp im Marzipanspeicher für eine kleine Köstlichkeit.

Strandzeit

Der Strand Solitüde in Flensburg besticht durch seinen ausgedehnten weißen Sandstrand, der sich ideal zum Entspannen oder für verschiedenste Freizeitaktivitäten eignet – bei stärkerem Wind zum Beispiel für Drachensteigen. Es gibt ausreichend Platz für Picknicks, Volleyballspiele und Entspannung.

NACHMITTAG

Rum-geführt

Wer möchte mehr über die Flensburger Rumgeschichte erfahren? Dafür gibt es nämlich extra eine **Rum-Stadtführung**. Teilnehmer erfahren hier die historische Bedeutung von Rum in der Region. Höhepunkte der Tour sind Besuche im Rumhaus Johannsen in der historischen Marienburg und im Rumhaus Braasch, gelegen in der malerischen Roten Straße. Ein wesentlicher Bestandteil der Führung ist die Verkostung des karibischen »flüssigen Goldes«.

ABEND

Romantische Förde

Bei einer **Bootsfahrt** durch die Flensburger Förde entfaltet sich die Schönheit der deutschen und dänischen Küsten, begleitet von der erfrischenden Brise der Ostsee. Es ist, als würde man die Landschaft durch die Augen eines Seefahrers erleben, während das Schiff sanft über die Wellen gleitet. Der maritime Traum kann schon verzaubern!

Mit Taschenlampen durch die Stadt

Bei einer privaten **Taschenlampenführung** kann man die Gebäude und Denkmäler des Alten Friedhofs und des Christiansenparks entdecken. Die Tour bietet einzigartige Einblicke in die Bundsenkapelle, Mumiengrotte, den Idstedt-Löwen und die Spiegelgrotte, die im Schein der Taschenlampen in einem ganz neuen Licht erscheinen. Während der Erkundung werden interessante Anekdoten und historische Besonderheiten Flensburgs vermittelt. Individuell buchbar, am besten mindestens sechs Tage vorher.

Tag 2

VORMITTAG

So schön wie gemalt

Schloss Glücksburg, eines der wichtigsten Renaissanceschlösser Nordeuropas, fungierte als Stammsitz der herzoglichen Linien des Hauses Glücksburg und diente zeitweise als Residenz des dänischen Königshauses. Das Wasserschloss befindet sich in Glücksburg an der Flensburger Förde.

NACHMITTAG

Die Welt von oben

Der **Wasserrundflug**, der an der Wasserflugstation neben der Marina Sonwik in Flensburg startet, bietet ein einzigartiges 30-minütiges Flugerlebnis, einschließlich Wasserstart und -landung. Die Route führt entlang der Innenförde, über Glücksburg und Holnis, weiter bis zur Außenförde und dem Geltinger Birk. Auf dem Rückweg geht es entlang der dänischen Küste und den beiden Ochseninseln, bevor der Flug mit einer Runde und einem herrlichen Blick über Flensburg endet.

→ Das majestätische Wasserschloss Glücksburg, ein Juwel norddeutscher Architektur

FAMILIÄRE ATMOSPHÄRE IN FLENSBURG

Im **Hinkelstein**, einem einladenden Restaurant im Zentrum von Flensburg, erwartet die Gäste eine kulinarische Reise unter dem Motto *Lecker. Familiär. Gut.* Hier steht das Wohl der Gäste im Vordergrund. Serviert wird köstliches Essen in einer warmherzigen und familiären Umgebung.

EIN MUSS BEI JEDEM BESUCH IN FLENSBURG

Die **Fischhütte** ist zwar, wie der Name verrät, wirklich nur eine Hütte, aber man munkelt, dass es hier die besten Fischbrötchen gibt. Dafür stehen die Menschen auch gerne mal an. Denn es lohnt sich. Außerdem kann man beim Warten das Flair des Museumshafens genießen.

NOMEN EST OMEN?

Auch in der **Scheune** ist der Name Programm. Denn hier speist man in einer umgebauten alten Scheune. Das ist aber auch schon alles, was auf die ursprüngliche Funktion des Gebäudes schließen lässt. Die Karte ist gutbürgerlich und gehoben.

SCHLEMMEN MIT BLICK AUF DIE FÖRDE

Klassische, hausgemachte Fischbrötchen mit frischen, qualitativ hochwertigen Zutaten sowie eine Auswahl an kleinen Snacks wie gebratene Garnelen, scharfe Thai-Nudeln und Rösti mit Lachs und Sour Cream warten im **Strandbistro Pier54**. Ergänzt wird das Angebot durch hausgemachte Crêpes.

Welch bezaubernde Gassen es in Flensburg gibt – ein idyllisches Stadtbild.

2 Maritimes Flair in Rostock und Warnemünde

Das Beste von Stadt und Meer erlebt man zwischen Rostock und Warnemünde! Rostock, auch bekannt als »Stadt der Sieben«, gelingt der Spagat zwischen Mittelalter und Moderne. Dann lockt Warnemünde mit breitem Sandstrand und malerischen Fischerhäusern.

Zwischen Rostock und Warnemünde wartet das Beste von Stadt und Meer. Rostock ist Hafenstadt, Universitätsstadt und Hansestadt zugleich. Außerdem wird sie die »Stadt der Sieben« genannt. Das liegt daran, dass die Zahl Sieben im Mittelalter tatsächlich häufig auftauchte: Sieben Straßen führen vom Marktplatz weg. Es gab sieben Kirchen, sieben Brücken, sieben Tore und sieben Türme. Die Liste geht sogar noch weiter, weswegen Rostock manchmal als merkwürdig angesehen wurde. Heute ist das häufige Vorkommen der Zahl nichts, weswegen die Stadt als eigentümlich angesehen werden würde. Die kopfsteingepflasterten Straßen und gotischen Kirchen laden zum Stadtbummel in historischem Ambiente ein: mit den mittelalterlichen Bauten und der modernen Kultur, die in den Cafés, kleinen Boutiquen und auf den belebten Plätzen zum Ausdruck kommt.

Dann wartet das idyllische Warnemünde. Dieses reizende Seebad, bekannt für seinen breiten Sandstrand und die malerischen Fischerhäuser, strahlt Ruhe und Frieden aus – hier möchte man verweilen und entlang des Alten Stroms flanieren, wo bunte Boote sanft auf den Wellen schaukeln und die Fischkutter frischen Fang anbieten. Segelschiffe ziehen vorbei, während man am Strand entlangwandert und einem die frische Meeresbrise um die Nase weht. Der Warnemünder Leuchtturm, ein Wahrzeichen der Region, bietet eine fantastische Aussicht über die Ostsee. Wer ihn über die 135 Stufen erklimmt, kann von oben die atemberaubende Aussicht genießen. Jedes Jahr am ersten Januar findet hier *Leuchtturm in Flammen* statt – eine faszinierende Licht-, Laser- und Feuerwerksshow.

In den zahlreichen lokalen Restaurants und Cafés entlang der Promenade kann man sich dann mit regionalen Spezialitäten verwöhnen lassen. Frischer Fisch und Meeresfrüchte schmecken umso besser, wenn man dabei einen spektakulären Sonnenuntergang über dem Meer bewundern kann.

→ Dämmerung in der Rostocker Innenstadt – ein Spiel aus Licht und Schatten in der historischen Kulisse

Ankunft

ABEND

Entspannt ankommen

Ein Abend voller Ruhe und Entspannung wartet in Rostocks größtem Sauna- und Wellnessbereich im **HCC Rostock**. Auf nicht weniger als 2000 Quadratmetern sorgen sechs unterschiedliche Saunen mit Temperaturen zwischen 40 und 100 °C, ein extragroßer Pool und Massagen für ein paar Stunden der Erholung. Jede Sauna bietet ein einzigartiges Erlebnis – von milder Feuchtigkeit bis zu intensiver Trockenhitze.

Tag 1

VORMITTAG

Heidewanderung

Die **Rostocker Heide**, ein weitläufiges Naherholungsgebiet mit etwa 6000 Hektar Küstenwald, ist ein beliebtes Ziel. Zwischen Markgrafenheide und Graal-Müritz gelegen, bietet sie rund 60 Kilometer markierte Wander- und Radwege. Auch Reiten ist hier möglich: dank Angeboten von örtlichen Reiterhöfen für Ausritte im Wald und am Strand. Besonders reizvoll ist der Pferdestrand nahe der Stolperer Heide, wo Reiten ganzjährig erlaubt ist.

NACHMITTAG

Maritimes Rostock

Bei einer **Hafenrundfahrt** geht es vom Rostocker Stadthafen, der in der Hansezeit ein zentraler Knotenpunkt war, über Rostock Port, den bedeutendsten Seehafen der Ostsee, bis hin zum Fischereihafen von Rostock. Weiter geht es zum Yachthafen des charmanten Ostseebads Warnemünde und schließlich zum malerischen Alten Strom in Warnemünde, bekannt für seine legendären Fischkutter.

ABEND

Die nächtlichen Straßen erkunden

Bei einem Spaziergang mit dem Rostocker Nachtwächter – ausgestattet mit traditionellem Umhang, Hellebarde und Signalhorn – durch den ältesten Stadtteil erlebt man die Stadt in einem völlig neuen Licht, während man den faszinierenden Geschichten lauscht und historische Einblicke in das Leben der Nachtwächter erhält.

In den Abend klettern

In der **Boulderhalle 45 Grad** kann man auf 600 Quadratmetern verschiedenste Kletterrouten ausprobieren – immer in Absprunghöhe. Auch ohne Vorkenntnisse kann man einfach vorbeikommen! Sportkleidung anziehen, Kletterschuhe vor Ort leihen und nach einer kurzen Einführung in die Kletterrouten kann es auch schon losgehen.

Tag 2

MORGEN

Ein halber Tag auf See

Auf an Bord einer eleganten Yacht! Das Abenteuer beginnt im modernen Yachthafen Hohe Düne, wo der Skipper zur Begrüßung alles Wichtige über das Schiff erklärt. Wer will, kann aktiv beim Segelsetzen und Steuern helfen. Andernfalls kann man sich einfach zurücklehnen und die Fahrt über das Meer genießen.

NACHMITTAG

Über Seefahrer & Co.

Das **Heimatmuseum Warnemünde** wurde im Jahr 1914 gegründet und bietet einen spannenden Einblick in das Leben von Seefahrern, Fischern und Lotsen sowie in die Entwicklung des Badebetriebs im Küstenort. Untergebracht in einem historischen Gebäude aus dem 18. Jahrhundert, welches im 19. Jahrhundert erweitert wurde, vermittelt die Ausstellung ein authentisches Bild der lokalen Geschichte.

↗ Der Teepott neben dem Leuchtturm an der lebhaften Seepromenade von Warnemünde

DAS SCHWIMMENDE RESTAURANT

Was gibt es Schöneres, als den Sonnenuntergang zu bewundern, wie er sich in der glänzenden Warnow spiegelt und den Hafen in goldenes Licht taucht? **Otto's Restaurant** ist mehr als nur ein exzellentes Restaurant am Rostocker Stadthafen, denn es bietet ein einzigartiges Erlebnis, da es auf der Warnow schwimmt.

BELLA ITALIA UND FLUSSBLICK

Im **Al Porto** gibt es Pizza, Pasta und gegrillte Steaks – ein Stück Italien am Hafen von Rostock. In zwanglosem Ambiente kann man mit Flussblick auf der Terrasse sitzen und neben der Aussicht auch das gute Essen genießen.

FÜR ROMANTISCHE ABENDE

Das Restaurant **Zum Stromer** liegt am beschaulichen Ende des Alten Stroms und ist nicht nur in Warnemünde, sondern auch darüber hinaus ein echter Geheimtipp. Mit seinem bezaubernden Ambiente ist Zum Stromer das ganze Jahr über der ideale Ort für besondere Anlässe.

IN MARITIMEM AMBIENTE

Das **Teepott-Restaurant** empfängt Gäste ganzjährig im Innenraum und von Frühling bis Frühherbst auf der Terrasse. Ideal für alle, die die frische Ostseeluft lieben – mit viel Platz in der Sonne oder unter großen Sonnenschirmen. Blick auf das Hafentreiben und den Strand inklusive!

Bunte Giebelhäuser prägen die Innenstadt von Rostock. Wie hübsch kann ein Stadtkern sein?

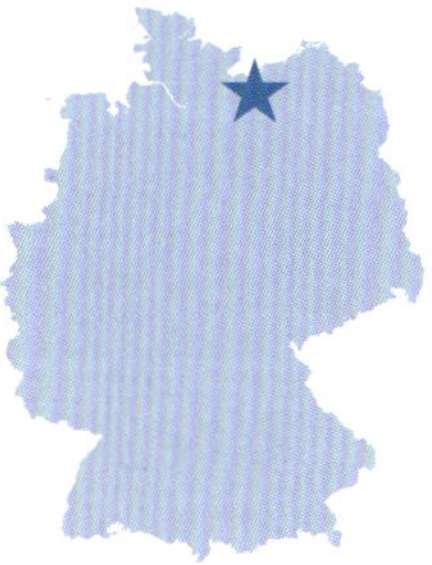

3 Zwischen Seen in Schwerin und dem Schweriner Seenland

Prächtige Schlösser, historische Gärten und kulturelle Schätze warten in Schwerin. Die Mecklenburgische Landeshauptstadt ist eine wahre Schönheit. Das Schweriner Seenland gibt dieser dann den letzten Touch …

Idyllisch in einer Seenlandschaft gelegen, mit viel Grün und einem Märchenschloss … Was fast zu schön klingt, um der Realität zu entsprechen, findet man tatsächlich in der Landeshauptstadt Mecklenburg-Vorpommerns, Schwerin. Wie so häufig: Die Mischung macht's! Und so begeistert die Stadt mit der Kombination aus historischer Pracht, kulturellem Reichtum und ganz viel Natur. Sie besticht durch einzigartige Sehenswürdigkeiten und verborgene Schätze.

Das majestätische Schweriner Schloss ist das Wahrzeichen der Stadt und mit seiner atemberaubenden Architektur und den malerischen Schlossgärten verzaubert es seine Besucher. Und wenn man ganz ehrlich ist: auch die Einheimischen! Denn die sind sehr stolz auf ihre schöne Stadt.

Lassen Sie sich bei einem Stadtspaziergang von den Geschichten und Legenden, die sich um diese historische Stätte ranken, in den Bann ziehen. Die charmanten Gassen der Altstadt beweisen, dass historische Gebäude und moderne Einrichtungen eine harmonische Symbiose eingehen können. Wer das Ganze von oben betrachten möchte, muss nur die 220 Stufen des Schweriner Doms St. Marien und St. Johannis überwinden, der Schwerins ältestes Bauwerk und das höchste des Bundeslandes ist. Schon erstreckt sich das Panorama unter dem Besteiger. Auch die Museen der Stadt sind einen Besuch wert: Sie zeigen umfangreiche Sammlungen der Kunst bis zur regionalen Geschichte.

Rund um Schwerin wartet dann das Seenland, zum Beispiel mit malerischen Rundwanderungen am Pinnower See. Das Freilichtmuseum Schwerin-Mueß zeigt das Leben im 19. Jahrhundert mit alten Bauernhäusern und Gärten. Oder wie wäre es mit einem Besuch am Zippendorfer Strand mit breitem Sandstrand, der historischen Promenade und kulinarischen Angeboten? Das Schweriner Seenland liegt in greifbarer Nähe und ermöglicht es, schnell raus aus der Stadt und rein in die Natur zu kommen.

↗ Wie ein Märchenschloss erstrahlt das Schweriner Schloss in voller Pracht – besonders schön mit dem glitzernden Schweriner See im Vordergrund.

Ankunft

ABEND

Theater mit Tradition

Die Anfänge der Musik- und Theaterkultur in Schwerin lassen sich auf das Jahr 1563 zurückführen, als Herzog Johann Albrecht I. von Mecklenburg David Köler zum Hofkapellmeister ernannte. Zugleich beauftragte er Köler mit der Einrichtung einer Hofkapelle. Diese Kapelle bildet den historischen Kern der heutigen **Mecklenburgischen Staatskapelle Schwerin**. Sie wird nach denen in Dresden und Kassel als drittältestes Orchester in Deutschland angesehen. Heute ist das Staatstheater ein Sechsspartentheater mit abwechslungsreichem Spielplan.

100 % »instagrammable«

Schwerins attraktivste Fotopunkte kann man heutzutage ganz einfach auf zwei speziellen Routen entdecken, die auch – aber nicht nur! – für Fans des sozialen Netzwerks eingerichtet wurden: Auf einer 6,2 Kilometer langen **Wanderung zu den Top-Instaspots** und einer 26,5 Kilometer langen Radtour können verborgene Instagram-Highlights entdeckt werden. Es warten jeweils zehn Fotopunkte. Jeder Spot wird mit einem Foto präsentiert, begleitet von Informationen und Links, erreichbar sind die Spots ganz einfach zum Beispiel über Google Maps. Die Nutzung ist kostenlos und jederzeit möglich. Die besten Instagram-Bilder mit Hashtag #visitschwerin und #instawalkschwerin werden auf @VisitSchwerin geteilt.

Tag 1

VORMITTAG

Am Wahrzeichen Schwerins

Das **Schweriner Schloss** diente bis 1918 als Sitz der Herzöge und Großherzöge von Mecklenburg. Heute ist es vor allem eins: Das Wahrzeichen, das Fremde wie Ortsansässige durch seine Pracht in Staunen versetzt. Gelegen auf der Schlossinsel im Schweriner See ist das Bauwerk ein herausragendes Beispiel des Historismus.

220 Stufen für den besten Stadtblick

Der **Schweriner Dom St. Marien und St. Johannis** ist nicht nur das älteste Bauwerk der Stadt, sondern besitzt auch mit 117,5 Metern den höchsten Kirchturm Mecklenburgs und ist die einzige Kathedrale des Landes. Er ist außerdem ein beeindruckendes Beispiel der Backsteingotik. Besichtigungen des Doms sind täglich möglich und für einen spektakulären Blick über die Schweriner Seenlandschaft müssen die 220 Stufen des Turms erklommen werden.

NACHMITTAG

Paddeln auf dem Schweriner See

Schwerin ist perfekt für alle, die **Wassersport** mögen. Man kann im Herzen der Stadt loslegen, die Schlossinsel umrunden und dann gemütlich auf

dem Schweriner Innensee paddeln. An der Insel Kaninchenwerder und dem Naturschutzgebiet Ziegelwerder vorbeizufahren, ist ein echtes Highlight, bevor es zurück zum Startpunkt geht. Dabei bieten sich eindrucksvolle Blicke auf die goldglänzenden Türme des Schlosses.

Für Kunstfreunde

Das **Staatliche Museum Schwerin** beherbergt eine umfangreiche Sammlung von über 100 000 Kunstwerken. Diese reichen von Gemälden, Skulpturen aus Holz, Terrakotta, Stein, Metall und Pappmaschee über Münzen und Medaillen bis hin zu kunsthandwerklichen Arbeiten aus Glas, Porzellan, Elfenbein und Metall sowie modernen Objekten und Installationen. Dabei legt das Museum, das sich auf Alte Kunst konzentriert, auch einen starken Schwerpunkt auf zeitgenössische Kunst. Das Kunstmuseum wurde 1882 eröffnet und befindet sich am Alten Garten, direkt am Schweriner See. Zusammen mit dem Schweriner Schloss, dem Staatstheater, der Staatskanzlei und dem Alten Palais bildet es eines der wenigen vollständig erhaltenen historistischen Ensembles in Deutschland.

ABEND

Sonnenuntergang mit den Füßen im Sand

Im **Beach Club Schwerin** kann man über den Dächern Sonne, Strand und Palmen erleben. Die Dachterrasse bietet eine willkommene Auszeit mit Ausblick. Mit Cocktails in der Hand und den Füßen im Sand geht der Tag entspannt zu Ende.

Ein Schlossgarten zum Träumen

Der **Schlossgarten** in Schwerin ist eine prächtige Barockanlage mit Alleen, Skulpturen und dem Kreuzkanal. Geprägt ab 1748, bewahrt er trotz späterer Erweiterungen im 19. Jahrhundert im englischen Stil seine barocke Grundstruktur. Heute erstreckt sich der Garten auf etwa 25 Hektar und eignet sich daher wunderbar für ausgedehnte Spaziergänge. Im Sommer finden hier die Schweriner Schlossfestspiele statt.

↑ Der Schweriner Dom, Mecklenburg-Vorpommerns stolze Kathedrale, erhebt sich majestätisch hinter den Häusern.
↙ Der idyllische Schweriner See – ein Spiegel der Ruhe und natürlichen Schönheit

HOCHGENUSS AM SEE

Nordische Köstlichkeiten warten im Restaurant **Seewarte** direkt am Schweriner See. Die Gäste werden im restaurierten Fachwerkhaus aus dem Jahre 1906 empfangen. Die besonderen Kreationen des Restaurants haben dafür gesorgt, dass es als wahres Gourmet-Highlight der Region gilt.

EIN TAPAS-ABEND

Bei **Señor Zorro** gibt es leckere spanische Häppchen, genannt Tapas. Wer Lust auf einen Abend in der historischen Altstadt Schwerins hat und den Geschmack südländischer Geselligkeit kosten mag, ist hier genau richtig!

Tag 2

VORMITTAG

Rund um den Pinnower See

Eine malerische **Rundwanderung** um den Pinnower See bietet Naturfreunden und Wanderbegeisterten eine idyllische Route von etwa zehn Kilometern Länge. Der Weg führt durch abwechslungsreiche Landschaften, vorbei an schattigen Waldstrecken, offenen Wiesen und ruhigen Uferzonen. Besonders reizvoll ist das Panorama des Sees, das sich entlang der Strecke immer wieder bietet.

Zurück ins 19. Jahrhundert

Das **Freilichtmuseum Schwerin-Mueß** ist ein historisches Dorfensemble, das das Leben im 19. Jahrhundert veranschaulicht. Besucher können alte Bauernhäuser, Gärten und museale Ausstellungen entdecken, ergänzt durch saisonale Veranstaltungen und Führungen, die Einblicke in die traditionelle Landwirtschaft und Dorfkultur bieten.

NACHMITTAG

Zippendorfer Strand

Der **Zippendorfer Strand** am Schweriner Innensee bietet mit seinem bis zu 20 Meter breiten Sandstrand echtes Strandgefühl. Als größter Sandstrand der Gegend zieht er im Sommer zahlreiche Badegäste an. Die historische Promenade mit Cafés und Restaurants, ein Relikt aus dem 19. Jahrhundert, ergänzt das Badevergnügen mit kulinarischen Angeboten und sommerlichen Aktivitäten wie Beachvolleyball.

Eine Insel als Naturparadies

Kaninchenwerder ist eine ruhige Naturschutzinsel im Schweriner Innensee und bietet einen Aussichtsturm, Naturlehrpfad und Wald. Erreichbar nur per Boot, steht sie seit 1935 unter Naturschutz. Man kann Wanderwege und den Strand genießen und wer nicht genug von der Idylle bekommt, kann hier im Zelt übernachten. Die Insel ist von Mai bis September über die Weiße Flotte oder private Boote zugänglich.

↑ Der Schweriner Schlossgarten, ein Ort der Ruhe und Schönheit, mit dem prächtigen Schloss im Hintergrund
→ Ein herrliches Fleckchen – das Schweriner Seenland

ZUHAUSE IM SCHWERINER SEENLAND

Im Restaurant **Rabennest** stellt sich schnell ein Gefühl von Heimat ein. Gemütliches Ambiente und regionale wie saisonale Küche überzeugen. Wer sich noch etwas Gutes tun möchte, kann auch einfach eine Massage buchen ...

SCHWERIN IM BLICK

In der Gaststätte **Blick auf Schwerin** ist der Name Programm. Bei typisch deutscher Küche kann man über den See bis nach Schwerin blicken. Vor allem Fisch- und Fleischliebhaber kommen hier auf ihre Kosten!

4 Stadtpuls & Landleben in Hamburg und im Alten Land

Hamburgs Highlights wie die Speicherstadt und die Elbphilharmonie, die Reeperbahn und der Hafen sind bei Städtereisenden zurecht beliebt. Im Alten Land warten hingegen friedliche Obstplantagen und Fachwerkhäuser.

Hamburg ist ein Schmelztiegel aus Kultur, Kunst und kulinarischen Genüssen – vor allem wenn man von Fischbrötchen und Co. nicht genug kriegen kann. Die prächtige Speicherstadt, ein architektonisches Meisterwerk und UNESCO-Weltkulturerbe, fasziniert mit ihren rot leuchtenden Backsteinbauten und den durch sie hindurchführenden Wasserwegen. Hamburg besitzt außerdem den größten Hafen Deutschlands. Diesen erkundet man am besten bei einer Tour mit einem traditionellen Kahn. Bei einer romantischen Hafenfahrt – egal ob bei Tag oder bei Nacht – kann man nicht nur den Ausblick auf das Venedig des Nordens genießen, während das Boot entspannt übers Wasser gleitet. Man kann auch so allerlei Wissenswertes erfahren.

Gleich neben der Speicherstadt erhebt sich die moderne Elbphilharmonie, ein Wahrzeichen der Stadt und Symbol zeitgenössischer Architektur sowie ein Zentrum musikalischer Exzellenz. Die Reeperbahn, Hamburgs berühmt-berüchtigte Vergnügungsmeile in St. Pauli, bietet auf fast einem Kilometer Länge ein buntes Nachtleben, das für Musik, Clubs, Nightlife und Rotlicht steht. Kann die Mischung noch bunter werden? Wenn man die Stadt verlässt, ja! Denn gar nicht weit entfernt vom städtischen Trubel erstreckt sich das Alte Land, eine Oase der Ruhe und Naturschönheit. Es ist Deutschlands größtes zusammenhängendes Obstanbaugebiet, wo sich endlose Reihen von Apfel-, Kirsch- und Birnbäumen, malerische Fachwerkhäuser und gemütliche Cafés zu einem stimmigen Puzzle zusammenfügen . Gleichzeitig ist es aber auch eine Welt von Watt und Mooren. Kein anderes Bundesland in Deutschland kann mit so vielen Naturschutzgebieten aufwarten wie Hamburg. Rund neun Prozent der Fläche entfallen auf die geschützten Habitate. Und so kann man im Alten Land bei Spaziergängen oder Radtouren entlang der Elbe diesen Naturschatz erleben, die Seele baumeln lassen und die ländliche Atmosphäre genießen.

↗ Die Elbphilharmonie im Glanz des Sonnenuntergangs – ein modernes Wahrzeichen Hamburgs

Ankunft

ABEND

Romantische Hafenfahrt

Als abendlicher Ausflug im **Hamburger Hafen** bietet sich eine Fahrt auf einem traditionellen Kahn durch die Speicherstadt und entlang beleuchteter Containerterminals an, untermalt von Erzählungen zur Hafengeschichte. Alternativ stehen Sonderfahrten zur Auswahl, wie die Queen-Mary-II-Tour entlang der Elbe oder die Teilnahme an der Jubiläumsparade des Hafens mit einem Wochenende voller Feierlichkeiten.

Die Lachmuskeln trainieren

Der **Quatsch Comedy Club** in Hamburg ist ein beliebter Treffpunkt, um gemeinsam zu lachen. Das Konzept des Clubs ist einfach: Jede Woche präsentieren vier andere Comedians ihr Stand-up-Programm live im Herzen des Kiezes. Die Shows sind bekannt dafür, dass sie das Publikum bis zum Schluss zum Lachen bringen. Ein idealer Ort, um einen heiteren Abend zu verbringen und die Lachmuskeln zu trainieren. Noch dazu ist die Location auf dem Boot »Queen« an der Überseebrücke zwischen St. Pauli Landungsbrücke und Elbphilharmonie ganz fantastisch. Auf einen lustigen ersten Abend!

Tag 1

VORMITTAG

Hamburg im Gokart erkunden

Mit dem **Gokart** durch Hamburg? Spannender kann man die Stadt wahrscheinlich nicht erkunden. Die Teilnehmer fahren auf sorgfältig ausgewählten Routen, die zu den bedeutendsten Sehenswürdigkeiten Hamburgs führen. Die Tour umfasst die Speicherstadt, die Hafencity, die Elbphilharmonie und die Landungsbrücken. Danach geht es weiter zum Michel und entlang der Alster. Für ein bisschen mehr Tempo fährt man abschließend über die Landstraße am Elbdeich zurück nach Hittfeld, wo man die Gelegenheit hat, das Gokart auszufahren.

Das Venedig des Nordens

Eine zweistündige **Bootstour** durch Hamburg bietet Paaren die Möglichkeit, die malerischen Gewässer und Kanäle der Stadt in romantischem Ambiente zu erleben. Die Tour führt durch das Herz der Hansestadt, und ermöglicht es, die historischen Stadtviertel vom Wasser aus zu bewundern. Sie bietet Einblicke in die Hafengeschichte und führt durch die Schleusen, wobei man die beeindruckende Skyline und wichtige Sehenswürdigkeiten passiert.

NACHMITTAG

Am Alsterschlösschen

Die **Burg Henneberg** in Poppenbüttel, eine der kleinsten Burgen der Welt und die einzige intakte Burg in Hamburg, ist eine originalgetreue Miniatur der Burg Henneberg in Thüringen, erbaut im Maßstab 1:4 im Jahr 1887. Nach einer Zeit des Verfalls wurde sie 2014 von einem Paar gekauft, restauriert und in »Alsterschlösschen« umbenannt. Heute dient die Burg als Veranstaltungsort für Künstlerauftritte, wobei der Eintritt kostenlos ist und um Spenden gebeten wird, da dort weder Vermietung noch Gewerbe erlaubt ist.

Stehend über die Alster paddeln

Rund um Hamburg gibt es an verschiedenen Stellen die Möglichkeit, Boards für **Stand-up-Paddling**, kurz SUP, zu mieten. Alternativ kann man der aus Polynesien stammenden Fortbewegungsart, die zu einem neuen Trendsport geworden ist, auch mit einem eigenen Board frönen. Viel Spaß beim Paddeln!

ABEND

Sex and the City

Eine verborgene Welt wartet im berühmten **Rotlichtviertel St. Pauli**. Kneipen wie Zur Ritze, berühmt für den Boxclub, in dem Berühmtheiten wie Mike Tyson und die Klitschko-Brüder trainiert haben, die Reeperbahn oder die Herbertstraße, wo Teilnehmer Geschichten über lokale Gangs wie die Nutella-Gang und die GMBH-Bande hören, können nicht nur im Alleingang, sondern auch bei geführten Touren erkundet werden. Zusätzlich erfährt man bei einer Führung auch noch so allerlei Wissenswertes, zum Beispiel über Hintergründe zu historischen Persönlichkeiten, dem Rechtssystem des Viertels und möglichen Verbindungen zu Jack the Ripper.

EIN FEST FÜR FLEISCHFREUNDE

Wer den perfekten Burger der Stadt sucht, wird wohl im **Beisser** fündig. Im obersten Stock des Alsterhauses wird die Kunst des Burger-Bratens nämlich auf ein neues Niveau gehoben. Ergänzt werden die Gerichte durch ofengebackene Minikartoffeln, gewürzt mit Rosmarin und Meersalz.

TYPISCH HAMBURG

Die **Alt Helgoländer Fischerstube** ist ein traditionelles hanseatisches Fischrestaurant. Hier können Gäste in einem gemütlichen, maritimen Ambiente frisch zubereitete Fischgerichte genießen, die die reiche Fischtradition Hamburgs widerspiegeln.

Zeit für Musical

Hamburg zählt mit gefeierten Produktionen wie Disneys *König der Löwen* und *Mamma Mia* zu den weltweit führenden Musical-Städten. Die Stadt beherbergt vier große Stage-Theater und hat sich als deutsche Hauptstadt der Musicals etabliert, wobei regelmäßig Deutschland-, Europa- und Welt-Premi-

↖ Die historische Speicherstadt in Hamburg: wo traditionelle Backsteinfassaden Geschichten von Handel und Hanse erzählen.
↓ Wenn die Sonne über Hamburg untergeht, erwacht die Stadt ein zweites Mal zum Leben.

eren präsentiert werden. Neben den großen Bühnenproduktionen tragen auch kleinere Shows wie das Kiez-Highlight *Heiße Ecke* im Schmidts TIVOLI zur Vielfalt und Beliebtheit der Hamburger Musical-Szene bei. Ein **Musical-Abend** in Hamburg gehört fast schon zum Pflichtprogramm bei einem Besuch in der Stadt an der Alster.

Tag 2

VORMITTAG

Durchs alte Land radeln

Das Alte Land bietet über 100 Kilometer an Haupt- und Nebenflussdeichen, die ideale Bedingungen für **Radtouren** in einer malerischen Landschaft mit alten Fachwerkhäusern, Hofläden und Cafés entlang der Wege bieten. Ohne große Anstiege, da die Deiche die höchsten Punkte darstellen, kann man so entspannt radeln. Neben Straßen- und Wirtschaftswegen gibt es auch spezielle Fern-Radwege wie den Elbe-Rad-Weg und den Nordseeküstenradweg, die durch das Gebiet führen.

Das Land der Obstplantagen

Die **Obsthöfe** im Alten Land sind typisch für die Region und daher zählen sie zu den beliebtesten Attraktionen. So bietet das Alte Land besonders zur Erntezeit frisches Obst – allen voran Äpfel, Kirschen, Pflaumen und Birnen –, oft direkt vom Baum. Dank innovativer, sauerstoffarmer Lagermethoden ist das Obst aber auch außerhalb der Erntesaison frisch in den Hofläden erhältlich. Ein besonderer Geheimtipp ist der Obsthof Bey, der abseits des Trubels im Zentrum von Jork liegt.

NACHMITTAG

Durchs Mühlenberger Loch

Es geht ins berühmte **Treppenviertel**! Von Cranz aus nimmt man dafür die historische Fähre nach Blankenese, die bei der Fährüberfahrt durch das größte Naturschutzgebiet Hamburgs führt, das Mühlenberger Loch. Nicht selten kann man dort sogar Seehunde beobachten. In Blankenese angekommen, kann man durch das Treppenviertel mit rund 5000 Stufen spazieren, das für seine malerischen Gassen und historischen Gebäude bekannt ist.

Mit den Füßen im Sand

In Hamburg und im Alten Land findet man entlang der Elbe überraschenderweise zahlreiche Strände. Eine wahre Strandperle gibt es in Övelgönne, bekannt für die hübschen Fischerhäuser. Der Strand ist ideal für einen Brunch oder ein Picknick im Sand und ist gut mit der Fähre Linie 62 aus Finkenwerder erreichbar.

↖ Reich verzierte, reetgedeckte Fachwerkhäuser mit Prunkgiebel im Alten Land
→ Eine üppige Apfelplantage im Alten Land, wo Reihen von Apfelbäumen das Landschaftsbild prägen

TRADITION SEIT ÜBER 175 JAHREN

Im Zentrum von Jork wartet ein traditionsreiches Familienunternehmen, das À-la-carte-Restaurant **Ollanner Buurhuus**, in historischen Fachwerkhäusern. Hier kann man die Altländer Kultur hautnah erleben – mit regionalen Gerichten und Altländer Spezialitäten.

VON DER ELBE UMGEBEN

Im Restaurant **FISCHclub** direkt am Blankeneser Treppenviertel gibt es nicht nur leckeren Fisch in maritimem Ambiente. Man ist dabei auch noch an drei Seiten von der Elbe umgeben, wobei man einen hervorragenden Blick auf die vorbeifahrenden Containerschiffe hat.

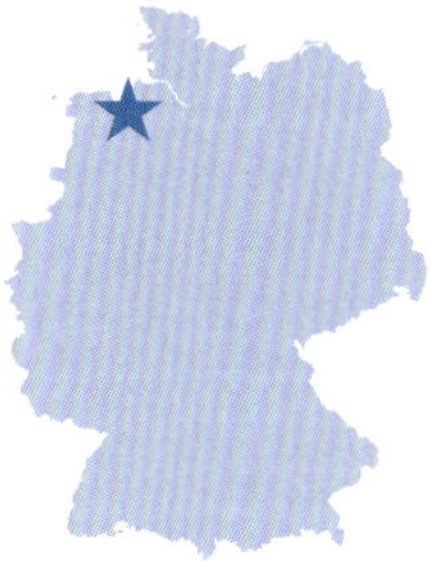

5 Nordseeluft atmen in Bremerhaven und Cuxland

Zwischen Küstenzauber und Wattenmeer warten Bremerhaven und die Wurster Nordseeküste mit der perfekten Mischung aus einer modernen Seestadt und den Uferlandschaften mit ihren Salzwiesen, pittoresken Dörfern und einer einzigartigen Meeresatmosphäre.

Bremerhaven ist Deutschlands zweitgrößte Hafenstadt, die mit ihrem maritimen Erbe und ihren modernen Attraktionen Besucher aus aller Welt anzieht. Die Seefahrtstraditionen und -geschichte sind stets präsent: in den Museen wie dem Deutschen Schifffahrtsmuseum und dem Deutschen Auswandererhaus, in den majestätischen Segelschiffen, die im Alten und Neuen Hafen ankern, unter ihnen das Segelschulschiff *Schulschiff Deutschland*, oder in der Kulinarik, die von Meeresbewohnern bestimmt wird. Die Erinnerung an die glorreichen Seefahrer ist ein integraler Bestandteil Bremerhavens. Aber Bremerhaven ist nicht nur Geschichte – es ist auch Gegenwart und Zukunft. Das zeigt sich beispielsweise im Klimahaus, das eine faszinierende Reise durch die verschiedenen Klimazonen entlang des 8. Längengrades ermöglicht. Mindestens einen Tag sollte man auch im Fischereihafen verbringen, der mit Fischrestaurants, Räuchereien, dem Fischkochstudio und dem Fischbahnhof lockt, in dem mit 360-Grad-Projektionstechnik ein Film über Fischfang und Seefahrt gezeigt wird.

Nicht weit entfernt, entlang der Wurster Nordseeküste, wartet eine Oase der Ruhe mit unfassbaren Naturschönheiten. Hier kann man die heilende Wirkung des Wattenmeers beim Wattwandern erleben, die farbenfrohen Salzwiesen bewundern und die raue Nordseeküste erkunden. Die Dörfer entlang der Küste versprühen einen unverwechselbaren Charme und die frische Nordseeluft tut Körper und Geist gut. Sie wirkt wahre Wunder, solange man sich an die Redewendung »Es gibt kein schlechtes Wetter, nur schlechte Kleidung« hält.

Ein Wochenende in dieser Region hat das Potenzial, die perfekte Kombination aus Kultur, Natur und Erholung zu sein. Die Dynamik der Stadt und die entspannte Atmosphäre der Küste warten mit einem Wochenende voller Entdeckungen, kulinarischen Highlights und viel Entspannung.

↗ Die beeindruckende Schulschiff Deutschland gibt mit Stolz einen Einblick in das maritime Erbe Bremerhavens.

Ankunft

ABEND

Piccolo, wo der Name Programm ist

Im Jahr 2011 wurde Bremerhavens erstes und einziges Zimmertheater, das **Piccolo Teatro Haventheater**, gegründet, das sich zu einer wichtigen Bereicherung für das kulturelle Leben in der Stadt und insbesondere im Stadtteil Alte Bürger entwickelte. Das Theater zeichnet sich durch seine intime und persönliche Atmosphäre aus, die es den Zuschauern ermöglicht, das Theater hautnah zu erleben.

Showtime

Von der Arbeitnehmerkammer ins Leben gerufen, ist das **Capitol Bremerhaven** bereits seit 1988 ein wichtiger kultureller Anlaufpunkt in Bremerhaven. Hier wird ein facettenreiches Gastspielprogramm mit herausragenden Künstlern aus den Bereichen Kabarett, Satire und Kleinkunst geboten. Das Programm wird zweimal jährlich zu Beginn der Spielsaison veröffentlicht. Im Satire-Tempel des Capitols erwartet Sie eine Mischung aus intelligenter Unterhaltung, die zum Lachen und Träumen einlädt, aber auch die Freude am Nachdenken und an Diskussionen fördert.

Tag 1

VORMITTAG

Entlang des 8. Längengrades

Ein Besuch im **Klimahaus Bremerhaven** ist eine spannende Reise entlang des 8. Längengrades und durch die verschiedenen Klimazonen der Erde. Sobald man eintritt, taucht man in eine Welt unterschiedlicher Klimaregionen ein. Vom gemäßigten Klima in Deutschland und der Schweiz, zur Mittelmeerregion bis nach Afrika, von der eisigen Kälte der Antarktis bis zur Hitze des Äquators … Das Klimahaus bietet ein einzigartiges Erlebnis, bei dem Besucher die Möglichkeit haben, die realen klimatischen Bedingungen dieser Regionen nachzuvollziehen. Schwitzen und frieren gehören hier also schlicht mit dazu!

↗ Das Schaufenster Fischereihafen in Bremerhaven ist ein lebendiges Zentrum der Fischereikultur und maritimen Gastronomie.
↓ Das zwischen dem Alten Hafen und dem Weserdeich gelegene Deutsche Schifffahrtsmuseum

Im Zeichen des Fischgenusses

Auf der Suche nach einer kulinarischen Entdeckungsreise rund um das Thema Meer? Seit nahezu einem Jahrhundert ermöglicht dies das **Fischkochstudio**. Dieser Ort im Herzen des Bremerhavener Fischereihafens bietet lockere »Fischgespräche« in einer entspannten Atmosphäre. Zuschauen, probieren, lernen … Wer ist dabei?

NACHMITTAG

Maritimer Schaufensterbummel

Das **Schaufenster Fischereihafen** ist eine einzigartige maritime Attraktion in Norddeutschland. Die Meile mit Restaurants, Cafés, Geschäften und mehr bietet Unterhaltung, Gastronomie, Sehenswürdigkeiten und Übernachtungsmöglichkeiten. Früher eine Packhalle, heute mit Restaurants und Kneipen, wo frischer Fisch serviert wird, eine beliebte Anlaufstelle für Besucher und Touristen. Die moderne Ausstellung im *Fischbahnhof 360°* informiert in zwei Filmen mit 360-Grad-Projektionstechnik über Fisch, Fischerei und Meerestiere. Im Hafen liegt außerdem der Seitentrawler *FMS Gera*, der ein Museumsschiff ist und der einzige erhaltene seiner Art.

Durch die Häfen cruisen

Eine **Hafenrundfahrt** bietet eine einzigartige Perspektive auf Hafen, Fracht- und Transportschiffe. Die Tour beginnt am Neuen Hafen, in der Nähe des Deutschen Auswandererhauses und des Klimahauses. Während der einstündigen Fahrt geht es zu den Kaiserhäfen und dem Verbindungshafen mit riesigen Autotransportern. Die Aussicht auf die Schiffe, Entladekräne und Containerschiffe an der fünf Kilometer langen Weser-Stromkaje beeindruckt und lädt zum Fotografieren ein.

ABEND

Theater mit Auszeichnung

Das **Stadttheater Bremerhaven** stellt mit Musiktheater, Schauspiel, Ballett und Konzerten ein kulturelles Zentrum der Stadt dar. Gegründet im Jahr 1867, eröffnete es 1911 an seinem heutigen Standort und wurde 1952 nach einem Bombenangriff wiederaufgebaut. Mit modernster Bühnentechnik und einigen Werkstätten ausgestattet, hat es zahlreiche künstlerische Auszeichnungen erhalten, darunter den Theaterpreis des Bundes 2015 und die Anerkennung als eines der besten Theater abseits der Zentren im Jahr 2016.

Bremerhavens schönstes Panorama?

Atemberaubende Höhen und ein unvergleichliches Panorama auf Bremerhaven hat man von der Aussichtsplattform **SAIL City** auf dem ATLANTIC Ho-

ROMANTISCHES DINNER?

Maritimes Flair und kulinarische Leidenschaft an der Kaje bei kreativer deutscher Küche und erlesenen Weinen mit außergewöhnlichem Blick auf den Yachthafen … **Im Pier 6** vermischt sich die Leidenschaft für die Zubereitung traditioneller Gerichte mit zeitgemäßer Raffinesse. Da kann man nur sagen: Guten Appetit!

GEMÜTLICHKEIT MEETS FISCHGENUSS

Gemütlich und typisch Bremerhaven: Das Restaurant **Wasserschout** wartet mit lokalen Köstlichkeiten wie Bremer Knipp, Matjes und Labskaus. Eine Auswahl an Fischgerichten wie Scholle, Rotbarsch und Dorade gibt es hier ebenso wie Fleisch in Form von Rumpsteak oder Schnitzel. Und das Ganze kommt im gemütlichen Ambiente am Rande der Havenwelten.

tel SAIL City. Mit über 140 Metern ragt das Hotel in den Himmel und bietet am höchsten Punkt der Stadt eine Aussichtsplattform im 21. Stockwerk. 86 Meter über dem Boden hat man einen herrlichen Blick auf die gesamte Seestadt mit den Havenwelten, den Überseehäfen und dem Fischereihafen. Auch die Wesermündung in die Nordsee ist sichtbar. Von April bis September bis 21 Uhr geöffnet und zum Sonnenuntergang einfach magisch!

Tag 2

VORMITTAG

Im Wattenmeer

Er ist so weit entfernt und hat doch so einen großen Einfluss: Der Mond sorgt für die Gezeiten. An Orten wie dem Wattenmeer sind diese stark ausgeprägt und so kann man während der sechsstündigen Ebbe eine Wattwanderung zum Beispiel an der Wurster Nordseeküste im weichen Meeresboden, im Schlick oder im klaren Wasser der Priele erleben.

Wellness am Wattenmeer

Lieber entspannt in den Tag starten? Das **Watt'n Bad** in Dorum-Neufeld bietet von Mai – September ein beheiztes Außenwellenbecken, einen Unterwasserliegebereich mit Blick auf das UNESCO-Weltnaturerbe Wattenmeer und einen direkten Zugang zum Strand mit Sonnenliegen und Strandkörben. So kann man ganz relaxt die frische Nordseeluft und erholsame Momente genießen. Exklusive Fass-Saunen mit Blick auf den Horizont sorgen für das i-Tüpfelchen auf der Suche nach ein wenig innerem Frieden.

NACHMITTAG

Durchs Wattenmeer paddeln

An der Wurster Nordseeküste findet man das vielleicht ursprünglichste Wattengebiet: keine überlaufenen Strände, keine großen Schiffslinien. Diese Küstenregion zeichnet sich durch Salzwiesen, kleine und große Priele sowie vorgelagerte Sandbänke aus. Entlang der Küste reihen sich kleine Dörfer mit winzigen Kutterhäfen, die ein authentisches Nordseefeeling vermitteln, aneinander. Außerdem kann man hier wunderbar **paddeln** – inmitten von Gänsen und Seehunden oder begleitet von einem Krabbenkutter.

Einmal Waldbaden, bitte!

Shinrin Yoku, auch bekannt als **Waldbaden**, betont die heilsame Wirkung des Waldes auf die körperliche und geistige Gesundheit. Studien belegen die positiven Auswirkungen von Naturerlebnissen, insbesondere im Wald. Anbieter von Waldbaden und Waldtherapie laden dazu ein, sich zu entspannen, Achtsamkeit zu entwickeln und die Sinne zu schärfen. Das bewusste Wahrnehmen von Naturgeräuschen und -düften steht dabei im Mittelpunkt.

↖ Auch wenn man hier echtes Meer-Feeling bekommt, führt der Weserdeich technisch gesehen am Fluss entlang.
→ Das Wattenmeer, wo das Spiel von Ebbe und Flut eine faszinierende Landschaft formt, ist ein echtes Naturwunder.

KLASSISCH FRIESISCH!

Friesische Krabben als Süppchen, Cocktail oder im Salat, fangfrische Fischfilets, Bauernente oder Deichsalzlamm … Im **Friesenhof Cornelius** werden nordische Küchenträume wahr. Frisch gefangen und von nebenan, scheint das Motto des gemütlichen Hofes, auf dem man speisen und nächtigen kann. Die Krabbenkarte ist ein echtes Highlight.

MITTAGSPAUSE MIT AUSSICHT

Das **Panorama-Restaurant Schaarhörn** bietet nordisch inspirierte Küche mit einem herrlichen Blick auf das Weltnaturerbe Wattenmeer, die Nordsee und den Strand. Am Nachmittag gibt es Kaffee und hausgemachten Kuchen aus der eigenen Confiserie. Die frischen Produkte stammen von biologisch bewirtschafteten Höfen und aus der Region.

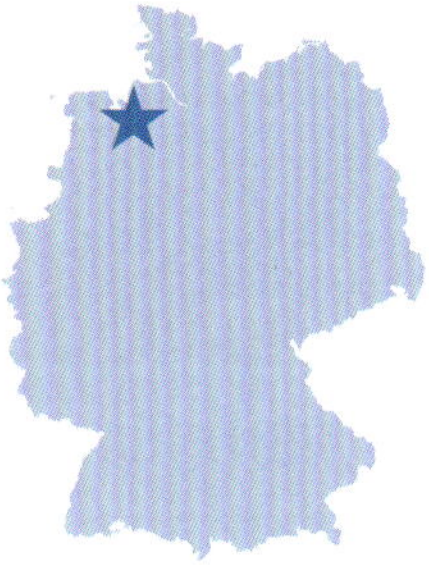

6 Mehr als nur ein Märchen in Bremen und Harriersand

Die Stadt der Bremer Stadtmusikanten lädt zum Schlendern und Genießen ein: in der Altstadt, am Weserufer oder auf einem der vielen Feste. Die Natur ist aber niemals fern. Auf Harriersand zum Beispiel findet man Ruhe und Natur pur.

Bremen und Harriersand – zwei Orte, die unterschiedlicher nicht sein könnten, und deswegen ergänzen sie sich zu einem perfekten Wochenendtrip. Bremen, eine Stadt, die bekannt ist für die Bremer Stadtmusikanten, das UNESCO-Welterbe mit dem historischen Rathaus und der Statue des Rolands sowie für die idyllische Lage an der Weser. Spazieren Sie durch das Schnoorviertel, das malerische, älteste Viertel der Stadt mit engen Gassen und verträumten Fachwerkhäusern. Besuchen Sie den historischen Marktplatz, umgeben von bedeutenden Gebäuden wie dem beeindruckenden Rathaus und dem weltberühmten Roland. Hier steht auch die Bronzestatue mit dem Esel, dem Hund, der Katze und dem Hahn: Die Bremer Stadtmusikanten sind das wohl bekannteste Wahrzeichen Bremens. Wer den Esel bei den Vorderhufen packt, der hat einen Wunsch frei.
Kunst- und Kulturliebhaber kommen in den zahlreichen Museen und Galerien der Stadt auf ihre Kosten, während die rund 800 Jahre alte Schlachte – früher ein Uferhafen, heute die Flaniermeile an der Weser – mit Cafés und Restaurants zum Verweilen einlädt.
Der nächste Tag führt dann auf die Insel Harriersand in der Weser. Ein Kontrastprogramm zur Stadt, denn hier findet man Ruhe und unberührte Natur. Harriersand, nicht nur die größte Insel in der Weser, sondern auch die längste Flussinsel Europas, ist ein Paradies für Naturliebhaber. Genießen Sie entspannende Spaziergänge am Strand, atmen Sie die frische Meeresluft und beobachten Sie das reiche Vogelleben. Die Insel ist auch ein beliebter Ort für Wassersport, ob beim Segeln, Kajakfahren oder einfach beim Schwimmen in der Weser. Allerdings muss man dann die Zeiten der Tide genau im Auge behalten. Außerdem können vorbeifahrende Schiffe starke Strömungen auslösen.
Auch an den Ufern der Weser warten Entdeckungen vom Naturstrand Sandstedt bis zu Schloss Schönebeck. Die Mischung macht's!

↗ Unterwegs im malerischen Schnoorviertel, wo Geschichte in jedem Kopfsteinpflaster und jeder Fachwerkfassade lebendig wird.

Ankunft

ABEND

Unterwegs mit dem Nachtwächter

Eine Tour mit dem **Nachtwächter** durch das Jahr 1833 führt von den belebten Orten des Marktplatzes durch das malerische Schnoorviertel hinab ins ehemalige Revier des Nachtwächters, das historische Hafenviertel Schlachte. Mit scharfzüngigen Kommentaren und reichlich Humor nimmt er seine Gäste mit auf eine Zeitreise in die Vergangenheit.

Das Open-Air-Erlebnis

Im Sommer verwandelt sich das lauschige Ufer der Weser in einen Ort voller Unterhaltung. Die **Seebühne Bremen** lädt zu einem unvergesslichen Sommer-Open-Air-Erlebnis ein. Genießen Sie Live-Auftritte in der beeindruckenden Atmosphäre des Industriehafens, von dem aus man bei Sonnenuntergang einen einzigartigen Blick auf die Weser hat. Die Veranstaltung umfasst zahlreiche Konzerte und Aufführungen von nationalen und internationalen Künstlern verschiedener Musikrichtungen.

Tag 1

VORMITTAG

Unter der Altstadt

Der eindrucksvolle **Ratskeller** unter dem historischen Rathaus, einer der traditionsreichsten Weinkeller Deutschlands, beherbergt einen kleinen Schatz. Das alte Rathaus besticht nämlich nicht nur durch seine architektonische Pracht, sondern dient auch als lebendiges Zeugnis der reichhaltigen Bremer Vergangenheit. Bei einer sogenannten Kellerkieken-Führung kann man sich selbst ein Bild machen. Diese Tour bietet nicht nur interessante Einblicke in die Geschichte des Ratskellers und die Weintradition Bremens, sondern ermöglicht auch die Besichtigung der Weinsammlung, einschließlich einer Weinflasche aus dem Jahr 1727.

Wie Perlen an einer Schnur

Das älteste Viertel der Stadt besticht durch schmale Wege, sorgfältig renovierte Fachwerkhäuser sowie charmante Boutiquen und Galerien. Bei einem Spaziergang durch die malerischen Gassen des Schnoorviertels kann man Mitbringsel shoppen und lokale Delikatessen kosten, darunter Bremer Schnoorkuller.

NACHMITTAG

EntSPAnnung pur

Das **Badehaus Bremen** ist eine Oase der Entspannung mitten in der Stadt, die ein erstklassiges Spa-Erlebnis bietet. Gäste können hier in einer Umgebung voller Ruhe vollkommen abschalten. Die vielfaltigen Serviceleistungen umfassen alles von entspannenden Massagen bis hin zur Möglichkeit, private Spa-Suiten mit eigener Sauna stundenweise zu mieten.

Bremen Törn

Bremen lädt zu einer entspannten **Schifffahrt** ein. Die Fahrt führt entlang der beliebten Schlachte-Promenade bis in die stadtbremischen Häfen. Während man an Deichen, Hafenanlagen und großen Betrieben vorbeifährt, erhält man interessante Einblicke in den Hafen- und Handelsbetrieb Bremens. Genießen Sie faszinierende Erzählungen und lassen Sie sich von der Bordgastronomie kulinarisch verwöhnen.

ABEND

Entertainment auf höchstem Niveau

Das **GOP Varieté-Theater** in Bremen begeistert seine Gäste immer wieder aufs Neue mit einer Kombination aus atemberaubenden Shows, einem traumhaften Ambiente und hervorragender Gastronomie. Weltklassekünstler und Entertainer sorgen hier für unvergessliche Erlebnisse. Alle zwei Monate wechselt das Programm und bringt ein neues internationales Ensemble auf die Bühne, das das Publikum mit seinen eindrucksvollen Vorführungen sowohl zum Staunen als auch zum Lachen anregt.

Feiern in der Hansestadt

Auch in Bremen gibt es eine fünfte Jahreszeit. Hier handelt es sich aber nicht um den Karneval, sondern um den **Freimarkt**. Es ist das Volksfest mit der ältesten Tradition in ganz Deutschland. Bereits im 11. Jahrhundert fand nämlich der erste Freimarkt

BREMER SPEZIALITÄTEN

Bremen ist berühmt für seine herzhafte Küche. Ein klassisches Butterbrot mit frischem Fisch, Bremer Knipp oder Labskaus, ein traditionelles Seemannsgericht aus Rindfleisch, Kartoffeln, Zwiebeln, Rote Beete und Gewürzgurken. Der **Ratskeller** ist wahrscheinlich der beste Ort, um diese Spezialitäten zu probieren.

RESTAURANT MIT STIL

Das elegante **Restaurant Kuppelhalle** in Bremens einzigem 5-Sterne-Hotel, dem Parkhotel, bietet Köstlichkeiten und leichte Gerichte nicht nur für Hotelgäste an. So kann jeder mit Reservierung die entspannte Atmosphäre der Kuppelhalle oder des Café Holler mit dem herrlichen Blick auf den See genießen. Tags über gibt es eine umfangreiche Auswahl an Kuchen aus der eigenen Patisserie.

↖ An den spitzen Knien des Rolands wurde im Mittelalter die Bremer Elle gemessen.
↓ Das wohl bekannteste Wahrzeichen von Bremen: die Bremer Stadtmusikanten

statt: um genau zu sein war es im Jahr 1035, sodass bald schon der 1000. Freimarkt stattfinden wird. Auch während der anderen Monate gibt es zahlreiche Veranstaltungen wie den beliebten Weihnachtsmarkt im Lichtschein des Weltkulturerbes und das Kulturfestival Breminale am Bremer Osterdeich.

Tag 2

VORMITTAG

Die größte Insel in der Weser

Ein wenig nördlich der Hansestadt liegt eine hübsche Insel in der Weser. Eigentlich ist sie nur durch einen schmalen Kanal vom Festland getrennt. Eine Brücke gibt es erst seit 1965. Wer Harriersand betritt, lässt am besten das Auto in Rade stehen und nimmt stattdessen das Fahrrad oder läuft hinüber.

Am Weserstrand

Lust auf Sandstrand? Dafür muss man nicht unbedingt ans Meer fahren. Stattdessen kann man zum Beispiel den **Naturstrand Sandstedt** für einen entspannten Morgen anpeilen – der perfekte Ort, um zur Ruhe zu kommen und zu entspannen. Während das Schwimmen ausschließlich in den gekennzeichneten Bereichen gestattet ist und es keine Badeaufsicht gibt, bietet der Strand dennoch einen idyllischen Rückzugsort.

NACHMITTAG

Einblicke in die Schifffahrt

Besuchen Sie das **Schifffahrtsmuseum** der oldenburgischen Unterweser und begeben Sie sich auf eine fesselnde Entdeckungsreise in die maritime Vergangenheit. Als eines der ältesten Spezialmuseen Niedersachsens bietet es eindrucksvolle Einblicke in die Hochzeit des Fernhandels unter oldenburgischer Flagge sowie in die Seefahrtstradition der Unterweser-Region.

Ab auf die Burg!

Schloss Schönebeck, erstmals 1357 als Burganlage urkundlich erwähnt und um 1640 im barocken Stil errichtet, ist ein bedeutendes Baudenkmal im Norden Bremens. 1972 hat der Heimat- und Museumsverein für Vegesack und Umgebung e. V. in diesem Schloss ein Museum eingerichtet. Die Sammlung des Vereins konzentriert sich auf historischen Walfang, die frühe industrielle Entwicklung der Region, veranschaulicht durch Keramikproduktion und Tauwerkfabriken, die Anfänge der Seenotrettung, die Vegesacker Heringsfischerei, sowie die Ära der Segel- und Dampfschifffahrt.

← Ganz schön idyllisch hier! Harriersand ist mit rund elf Kilometern Länge die größte Insel in der Weser.
→ Schloss Schönebeck bietet nicht nur ein spannendes Heimatmuseum, sondern auch einen schönen Park.

SPEISEN IM WALD

Die **Waldgaststätte Brunnenhof** ist in einem Gebäude aus dem 18. Jahrhundert untergebracht. 2002 war es bis auf die Grundmauern abgebrannt, wurde aber originalgetreu wiederaufgebaut. Hier werden regionale und sorgfältig ausgewählte saisonale Gerichte zubereitet.

AN DER WESER SPEISEN

Im Restaurant **Café Weserlust** ist der Name Programm: Es liegt nämlich genau am Fluss. Die Aussicht kann man vor allem an warmen Tagen von der Sonnenterrasse genießen. Auf den Tisch kommt gutbürgerliche deutsche Küche.

7 Entdecken, erleben, erholen in Hannover und am Steinhuder Meer

Hannover kann sich als Wochenendziel sehen lassen. Denn Hannover kann nicht nur Natur, sondern auch Kultur. Um aus der Stadt zu kommen, bietet sich ein Trip zum Steinhuder Meer an.

Hannover, auch als »Großstadt im Grünen« bekannt, bezaubert mit großzügigen Grünflächen, einem etwa 650 Hektar großen Waldgebiet im Herzen der Stadt sowie ausgedehnten Parkanlagen, darunter die Herrenhäuser Gärten mit Berg- und Georgengarten. Grüne Oasen inmitten der Stadt wie der Maschsee oder der Berggarten bieten einen perfekten Ausgleich zum städtischen Treiben. Die friedliche Atmosphäre des Maschsees lädt zu einer entspannten Bootsfahrt ein, einer Joggingrunde um den See oder einem Päuschen am Wasser, während der Berggarten, in dem ein botanischer Garten auf Besucher wartet, eine faszinierende Pflanzenwelt präsentiert. Die Stadt lädt außerdem dazu ein, ihre zahlreichen Sehenswürdigkeiten zu entdecken. Ob bei einem Bummel durch die Altstadt, wo historische Gebäude wie das Alte Rathaus und die Marktkirche Geschichten aus vergangenen Zeiten erzählen, oder bei einem Besuch moderner Bauten wie dem Gehry Tower, der seit 2001 das Stadtbild prägt …

Wer mehr Natur möchte, kann zum Beispiel einen Ausflug zum Steinhuder Meer machen, dem größten See Nordwestdeutschlands. Hier wartet die Natur in ihrer reinsten Pracht. Sei es bei einer entspannten Bootsfahrt, beim Wandern entlang des Ufers oder bei einem Picknick mit Blick auf das glitzernde Wasser. Dieser Naturpark ist ein wahres Paradies für Outdoor-Liebhaber.

Alternativ bietet sich ein Besuch des Klosters Wülfinghausen an. Eingebettet in die sanften Hügel am Fuße des Osterwaldes, bildet dieses historische Kloster eine Oase der Ruhe und Besinnlichkeit. So ist ein Wochenende in Hannover und im Umland eine perfekte Mischung aus städtischem Entdecken, einem *quick nature escape* und historischem Erbe.

↗ **Hannovers Neues Rathaus ist ein tolles Fotomotiv – vor allem im Frühlingsrausch majestätisch hinter blühenden Obstbäumen.**

Ankunft

ABEND

Ein Mordfall als Stadtabenteuer

Wer möchte spielerisch ins Wochenende starten? In Hannover kann man die **digitale Stadterkundung** nämlich mit einer spannenden Rätseljagd verbinden. Mit vorab zugesandten Materialien wie einer markierten Karte beginnt die Detektivarbeit. An jedem interessanten Ort in der Innenstadt macht man einfach ein Selfie und erhält per WhatsApp Hinweise für den nächsten Schritt.

Eine Welt voller Faszination

Oder wie wäre es alternativ mit einem Abend im Varieté? Im Herzen von Hannover wartet im **GOP Varieté-Theater** eine fesselnde Welt mit einem Mix aus Tradition und Avantgarde. Bei den atemberaubenden Shows, dem stimmungsvollen Ambiente und der außergewöhnlichen Mischung aus faszinierender Artistik und kulinarischen Genüssen kann man schon mal alles um sich herum vergessen. Freuen Sie sich also auf einen schillernden Start ins Wochenende, bei dem einem durchaus das ein oder andere »Ah« und »Oh« über die Lippen kommen kann.

Tag 1

VORMITTAG

Ein Pflanzenparadies entdecken

Der **Berggarten** in Hannover, ursprünglich im Jahr 1704 als Maulbeerplantage angelegt, ist mit über 12 000 Pflanzenarten ein botanischer Schatz. Besonders beeindruckend sind die Schauhäuser mit ihrer Weltklassesammlung exotischer Orchideen und seltener Kakteen. Jede Jahreszeit bringt ihre eigenen Highlights, von farbenfrohen Blüten bis zu üppigen Grünanlagen.

Ein historisches Juwel

Die Markthalle in Hannover ist ein lebendiger Zeitzeuge und wesentlicher Bestandteil des städtischen Lebens, der die kulinarische und kulturelle Vielfalt Hannovers widerspiegelt. Seit der Eröffnung im Jahr 1892 hat sich die Markthalle, die auch »Bauch Hannovers« genannt wird, zu einem beliebten Treffpunkt entwickelt.

NACHMITTAG

Ein maritimes Paradies

Der **Maschsee** liegt im Herzen von Hannover und zählt zu den beliebtesten Ausflugszielen und Erholungsgebieten der Stadt. Der See schafft nicht nur eine idyllische Landschaft, sondern sorgt auch dafür, dass hier verschiedene Freizeitaktivitäten, vor allem Wassersport, angeboten werden. Auch das jährliche Maschfest, Deutschlands größtes Seefest, zieht Tausende Besucher an.

Wundervolle Unterwasserwelt

Im **Sea Life** Hannover kann man die faszinierende Unterwasserwelt entdecken. Von heimischen Gewässern bis hin zu den exotischen Lebensräumen des Amazonas bietet das Aquarium eine Heimat für über 2500 Tiere aus 160 Arten. Besonders beeindruckend ist das 300 000 Liter fassende Ozeanbecken, das durch einen Glastunnel führt, sodass die Meereswelt aus nächster Nähe bestaunt werden kann.

← Zu jeder Jahreszeit ein Hit: der Berggarten in Hannover

↗ Ursprünglich als barockes Bauwerk erbaut, ist das Herrenhausen heute ein klassizistisches Schloss.

→ Im Ozeantunnel des SeaLife Hannover ist man umgeben von einem Kaleidoskop bunter Fische.

ABEND

Eine Reise ins Mittelalter

Bei Einbruch der Nacht kann man Hannover mit dem **Nachtwächter** Melchior erleben. Dieser Spaziergang führt durch die dunklen Gassen und verborgenen Winkel der Stadt, während die »ehrbaren« Einwohner selig schlafen. Fesselnde Geschichten über das mittelalterliche Leben, über die Schicksale von Henkern und Mörderbanden bis hin zu den Herausforderungen des Nachtwächterberufs … All dies ist Teil der Nachtwächterführung, während man wie nebenbei mit jedem Schritt die wunderschöne Altstadt kennenlernt.

Events im und ums Schloss

Schloss Herrenhausen und die Herrenhäuser Gärten sind das ganze Jahr über ein pulsierendes Zentrum für Kultur und Veranstaltungen. In dieser ein-

GENUSS FÜR ALLE SINNE

Die Seeterrassen am Maschsee bieten eine perfekte Auszeit vom Alltag mit Sylt-Atmosphäre direkt in Hannover. Der **Seeblickpavillon** kann jeder Wetterlage angepasst werden und Heizstrahler sorgen an kühlen Tagen für Behaglichkeit. Panoramablick und hervorragende Küche … Was will man mehr?

KNEIPE ODER DOCH LIEBER RESTAURANT?

Das **Vier Jahreszeiten** in Hannover bietet ein spannendes Konzept mit einer Mischung aus Kneipe und Restaurant. Im unteren Bereich genießen Gäste die lockere Atmosphäre einer Kneipe, während der obere Teil als Restaurant vorgesehen ist. Der Biergarten rundet den Besuch im Vier Jahreszeiten mit seiner gemütlichen Kulisse ab.

zigartigen Atmosphäre können Besucher eine Vielzahl von Events erleben, von Musik- und Theateraufführungen bis hin zu Kunstinstallationen und Festen. Zu den Highlights zählen die KunstFestSpiele, der spektakuläre Feuerwerkswettbewerb und das Kleine Fest im Großen Garten.

Tag 2

VORMITTAG

Ein Symbol der Liebe

Das neugotische **Schloss Marienburg** liegt unweit von Hannover und war ursprünglich ein Geschenk von König Georg V. an seine geliebte Frau Königin Marie. Erbaut zwischen 1858 und 1867, konnte die Königin, die es liebevoll »mein kleines Eldorado« nannte, jedoch nie wirklich darin wohnen. Die königliche Familie wurde nämlich 1866 ins Exil verbannt. So wurde das Schloss zu einem prächtigen, aber ungenutzten Monument. Heute zeugt es von dieser romantischen und tragischen Geschichte und zählt als ein beeindruckendes neugotisches Bauwerk in Deutschland.

Niedersachsens größter See

Das Steinhuder Meer ist perfekt für Ruhesuchende und Wassersportler. Rund 30 Kilometer von Hannover entfernt lädt es dazu ein, zwischen den Fischerhäusern zu bummeln, Rad zu fahren oder dem Lieblingswassersport zu frönen. Es bietet optimale Bedingungen für Segeln, Surfen, Rudern, Paddeln und Tretbootfahren.

NACHMITTAG

Ein idyllisches Refugium

Das **Kloster Wülfinghausen** blickt auf eine lange Geschichte zurück. 1377 gegründet, wurde es nach einem Brand um 1400 neu errichtet. Trotz Schäden im Dreißigjährigen Krieg und einem weiteren Brand 1728, der zu einem erneuten Wiederaufbau von 1730 bis 1740 führte, blieb es als evangelisch-lutherisches Damenstift bestehen. Heute dient es vor allem als Ort des Abschaltens für Körper und Geist. Die Klosterküche soll verwöhnen, der Garten zur Meditation einladen und Kurse sollen Spiritualität näherbringen.

Abenteuer im Baumwipfel

Der **SeaTree**, einer der schönsten Waldseilgärten Deutschlands, bietet ein unvergessliches Kletterabenteuer in der Nähe des Naturparks Steinhuder Meer. Spannende Kletterelemente und rasante Seilrutschenfahrten versprechen Nervenkitzel und Spaß. Besucher können die Baumwipfel erklimmen, über wackelige Brücken balancieren und den Sprung in die Tiefe wagen.

← Einst Festung, dann Militärschule und später Gefängnis ... die Insel Wilhelmstein im Steinhuder Meer
→ So traurig und gleichzeitig so schön: das Schloss Marienburg

KULINARIK AM STEG

Bei gutem Wetter auf der überdachten Terrasse direkt am Wasser speisen oder im Biergarten am Bootsanleger sitzen und den Ausblick genießen ... Die **Strandterrassen Steinhude** sind aber nicht nur was fürs Auge, sondern auch für den Magen – besonders für Fischliebhaber.

CAFÉ IM WALD

Das **Café am Waldkater** ist idyllisch am Fuße des Osterwaldes gelegen und nur einen kurzen Spaziergang vom Parkplatz beim Kloster Wülfinghausen entfernt. Das Café befindet sich in einem Landschaftsschutzgebiet, in dem Autos nicht erlaubt sind. Stattdessen heißt es: genießen! Die ruhige Atmosphäre, den selbst gemachten Kuchen oder eine deftige Brotzeit.

8 Kontrastprogramm in Berlin und im Spreewald

Das aufregende Berlin mit seinem Großstadtdschungel und der ursprüngliche Spreewald mit seinen Wäldern und Fließen ... Ist das die perfekte Kombination? Mit Sicherheit ist es eine gute Mischung aus City-Abenteuer und Naturidylle.

Berlin, du bist so wundervoll! Kaum eine Stadt in Deutschland bietet so viele Kontraste, ist so bunt und vielfältig, weckt so viele Emotionen. Um die Dynamik der deutschen Hauptstadt zu erleben, ist ein Wochenende kaum genug. Dennoch kann man versuchen, einen Einblick in die verschiedenen Facetten zu erhaschen: von einem klassischen Konzert in der Orangerie des beeindruckenden Schlosses Charlottenburg und einem Besuch in der Museumsinsel mit ihren fünf weltberühmten Museen über eine zweistündige Bootstour über die Spree oder einem Sonnenuntergang mit Blick über die Dächer der Stadt bis hin zu einer kleinen Weltreise in einer der Oasen der Stadt, den Gärten der Welt. Die Möglichkeiten in Berlin scheinen schier endlos zu sein.
Nach einem Samstag voller Kultur und Big City Life bildet der Ausflug in den Spreewald einen starken Kontrast. Nach nur einer guten Stunde in der Regionalbahn erreicht man eine völlig andere Welt voller Ruhe und Idylle, in der die Uhren etwas langsamer zu ticken scheinen. Im malerischen Spreewald wartet eine einzigartige Flusslandschaft, in der sich die dichten Wälder spiegeln, die an einen Urwald erinnern. Bei einer traditionellen Kahnfahrt können die friedlichen Dörfer erkundet werden. Oder doch lieber in die Pedale treten und alles auf einem Zweirad entdecken?
Die grüne Oase verzaubert mit den Fließen, wie die zahlreichen Arme des Wassergeflechts der Spree im Spreewald genannt werden, und bietet Raum für Abenteuer, Entspannung und kulinarische Genüsse. Allgegenwärtig ist stets die Spreewaldgurke, die – so sagt man – besonders knackig ist. Aber auch sonst sind die Spreewälder stolz auf ihre kulinarischen Highlights.
Und so wird das Wochenende zwischen der urbanen Vielfalt Berlins und der natürlichen Schönheit des Spreewalds eine unvergleichliche Erfahrung aus pulsierender Energie und innerer Ruhe.

↗ **Die East Side Gallery ist ein buntes Mahnmal und Zeichen für Hoffnung und Freiheit.**

Ankunft

ABEND

Süßen Klängen lauschen

Schloss Charlottenburg ist das größte Schloss der Stadt und gilt als Höhepunkt des deutschen Barocks und Rokokos. Das Schloss ist mit seinen weitläufigen Gärten am Tage eine beliebte Sehenswürdigkeit. Abends jedoch bietet es einen romantischen Rahmen für Konzerte und klassische Veranstaltungen mit Musik und Kulinarik. Diese finden dann meist in der Orangerie statt und die Musiker des Berliner Residenz Ensembles, die gekonnt die Werke von Mozart und Co. zum Besten geben, tragen historische Garderobe, die von prächtigen weißen Perücken vervollständigt wird. Ein besonderes Erlebnis zum Start ins Wochenende in Berlin!

Die längste Open-Air-Galerie der Welt

Nach dem Mauerfall dauerte es nicht lange, bis Künstler anfingen, die Ostseite der Mauer zu bemalen. Was anfangs auf Widerstand traf, wurde zu einem offiziellen Projekt. Über mehr als 1,3 Kilometer zwischen Ostbahnhof und Oberbaumbrücke erstreckt sich die **East Side Gallery** seit 1990 als längste Open-Air-Galerie der Welt. Die Kunstwerke tragen dazu bei, den historischen Ort lebendig zu halten und machen seine Geschichte für Besucher aus aller Welt zugänglich.

Tag 1

VORMITTAG

Der Museumsklassiker

Ein echter Klassiker ist die **Museumsinsel**, ein Ensemble aus fünf Museen im nördlichen Teil der Spreeinsel in der historischen Mitte von Berlin. Sie gilt als eine der wichtigsten Sehenswürdigkeiten der deutschen Hauptstadt und zählt zu den bedeutendsten Museumskomplexen Europas. Wer stattdessen ein hipperes und weniger klassisches Museum besuchen möchte, sollte ins Disgusting Food Museum gehen.

→ Was gibt es Schöneres, als den Tag in einer Rooftop Bar ausklingen zu lassen?
↓ In der Markthalle Neun kann man gut schlemmen und stöbern!

Berlin by bike

Berlin erkunden und dabei erstens fit werden und zweitens unabhängig von Parkplätzen, Staus und Fahrzeiten sein? Das geht, wenn man eine **Fahrradtour** macht. Dafür eignet sich zum Beispiel der Tiergarten ganz hervorragend. Wer gerne etwas Struktur und vielleicht auch noch Infos beim Radeln möchte, kann sich einer geführten Fahrradtour anschließen.

NACHMITTAG

Ab zum Markt!

Die **Markthalle Neun**, zentral im lebendigen Stadtteil Kreuzberg gelegen, zählt zu den Höhepunkten für Foodies. Ende des 19. Jahrhunderts entstand die Halle in der Eisenbahnstraße und erhielt aufgrund ihrer Position als neunte von insgesamt vierzehn Berliner Markthallen den Namen »Markthalle Neun«. Samstags findet der Wochenmarkt von 10–18 Uhr statt.

Kleine Weltreise

Wie wäre es mit einem Spaziergang durch China, Bali oder Italien – und das, ohne Berlin zu verlassen? Das geht in den **Gärten der Welt** im Stadtteil Marzahn. Der Park erfreut sich besonderer Beliebtheit bei Erholungsuchenden und Naturliebhabern und gilt als eine der schönsten Oasen der Stadt. Neben den liebevoll gestalteten Gärten in verschiedenen Stilen bietet der Park seinen Besuchern auch einen Irrgarten, ein Heckenlabyrinth und eine Seilbahn.

ABEND

Einfach mal runterkommen

Die Dachterrasse des **Hotel de Rome** liegt zwar nicht so hoch wie andere Rooftop Bars, beeindruckt aber dennoch mit dem Ausblick auf den Bebelplatz und die Prachtbauten des Boulevards Unter den

Linden. Außerdem ist sie die älteste Dachterrasse der Stadt und überzeugt mit einer authentisch-coolen Lounge-Atmosphäre. Wer also den Trubel der Großstadt durch einen Cocktail in der Hand, einen herrlichen Blick auf den Sonnenuntergang und durch Berlin von oben austauschen möchte, wird im Hotel de Rome bestens aufgehoben sein.

Romantische Spreefahrt

Es gibt kaum etwas, das so romantisch ist wie eine zweistündige Schifffahrt entlang der beliebtesten Sehenswürdigkeiten im Herzen Berlins zum Sonnenuntergang. Die Rundfahrt beginnt und endet am Nikolaiviertel und führt zu Highlights wie dem Berliner Dom, der Museumsinsel und vielen weiteren markanten Orten sowie sehenswerten Gebäuden.

BERLINS BESTE PIZZA?

Im Pankower Stadtteil Prenzlauer Berg wartet das **I Due Forni**. Es ist bekannt für seine großen und äußerst schmackhaften Pizzen, womit sich das Restaurant einen festen Platz in der Berliner Gastronomieszene gesichert hat. Die Atmosphäre im I Due Forni ist locker und lebendig, was es zu einer idealen Wahl für gesellige Abende macht.

DÖNER IN BERLIN – EIN MUSS

Bei **Tadim Döner** am Kottbusser Tor kann es schon mal vorkommen, dass man Schlange stehen muss. Das zarte Fleisch – hier wird 100 % Kalbfleisch verwendet – wird mit einer Auswahl geheimer, hochwertiger Würzzutaten raffiniert abgeschmeckt, was dem Döner eine einzigartige und köstliche Note verleiht.

Auf dem Kahn durch den Spreewald

Die Spree windet sich von ihrer Quelle im Lausitzer Bergland bis zur Mündung in die Havel und formt dabei zahlreiche Flussarme, genannt Fließe. Diese bilden eine einzigartige Kulisse, die Besucher in den Bann zieht und durch die Kahnfahrer geschickt manövrieren. Entspannter kann man den Spreewald kaum erkunden.

Tag 2

MORGEN

In die Pedale treten

Wer den Spreewald auf zwei Rädern erkunden möchte, kann das auf dem **Gurkenradweg**, der sich insgesamt über 260 Kilometer und in fünf Etappen durch den Spreewald zieht. Dabei tritt man nicht nur in die Pedale, sondern kann auch noch ganz viel lernen. Vorbei an ruhig daliegenden Fließen, romantischen Dörfern, Gurkenfeldern und regionalen Betrieben, die sich dem Anbau und der Verarbeitung von Gurken widmen, steht die Spreewälder Gurke hier im Mittelpunkt. Entlang der Route laden Gasthäuser dazu ein, eine Pause einzulegen und die Spreewälder Spezialität zu kosten – egal, ob als Salat, Suppe oder einfach so. Und mit erfrischender Gurkenlimo schmeckt das Essen gleich doppelt so gut.

NACHMITTAG

In der Kulisse des Spreewaldkrimis

Lübbenau liegt im Biosphärenreservat Spreewald und ist mit seinen charmanten Gassen, dem Großen Hafen und der romantischen Altstadt ein wahrer Publikumsmagnet. Nicht umsonst diente Lübbenau bereits mehrfach als Kulisse für den Spreewaldkrimi. Nach einem Spaziergang durch den Schlosspark, zum Schloss, zur Orangerie, zum Marstall und zur gräflichen Gerichtskanzlei empfiehlt sich ein gemütlicher Bummel durch die kleinen Geschäfte mit typischen Produkten aus dem Spreewald und Kunsthandwerk.

Die Fließe entlangpaddeln

Ganz nah an der Natur sein? Sei es als fertig organisierter Gruppenausflug oder auf eigene Faust … Bei einer **SUP- oder Kanufahrt** wird man förmlich Teil der Natur. Die idyllische Landschaft des Spreewalds öffnet Raum für Abenteuer, Entspannung, Ruhe und sportliche Herausforderungen gleichermaßen. In dieser einzigartigen Umgebung ist es ganz leicht, der Magie des Paddelns zu verfallen.

↖ Das Spreewald Museum in Lübbenau – ein Fenster in die Geschichte des Spreewaldes
→ Vom kleinen Hafen in Lübbenau kann man auf Erkundungsfahrt gehen: mit dem Kahn oder mit Kanu oder SUP.

SPEISEN UND ERLEBEN

Das **SPREE.Erlebnisrestaurant** kombiniert historische Eleganz mit zeitgemäßer Gastronomie. Gleichzeitig hat man einen hervorragenden Ausblick auf den größten und ältesten Hafen des Spreewaldes. Auf über 600 Quadratmetern erwarten die Gäste neben kulinarischen Erlebnissen im Restaurant mit regionaler Küche auch eine Cocktailbar sowie eine Bowlingbahn.

SPREEWÄLDER SPEZIALITÄTEN

Im Biergarten **Unter der 250-jährigen Eiche** herrscht stets lebhaftes Treiben. Er ist der perfekte Ort für eine Pause vom Paddeln oder von der Kahnfahrt. Ob Spreewälder Kräuterbratwurst, den örtlichen Pfannkuchen Plinse oder einfach eine knackige Spreewaldgurke … Hier kann man die lokalen Köstlichkeiten probieren.

9 In der Welt des Bauhaus in Dessau und Wörlitz

In Dessau warten die bahnbrechende Architektur des Bauhaus, der Geist der Moderne und die kulturelle Vielfalt der Stadt. Das idyllische Wörlitz hingegen ist vor allem geprägt vom berühmten Gartenreich, dem Meisterwerk des englischen Gartenstils.

Dessau, bis 2007 kreisfreie Stadt und heute ein Stadtteil von Dessau-Roßlau, gilt als das Herz der Bauhaus-Bewegung. Hier öffnet sich eine ganze Welt der Architektur und Kunst, die als wegweisend für die Moderne gilt. Das ikonische Bauhausgebäude ist ein wahrer Meilenstein der zeitgenössischen Architektur. Nicht umsonst ist das Bauhaus in Dessau und Weimar seit 1996 in die UNESCO-Weltkulturerbeliste eingetragen. Im Bauhaus-Museum erhält man einen tiefen Einblick in die Werke und das Erbe der Bauhauskünstler und -architekten.
Aber Dessau hat nicht nur Bauhaus zu bieten.
Wer sich für Flugzeuge interessiert, sollte einen esuch im Technikmuseum Hugo Junkers einplanen. Dieses richtet seinen Fokus auf den gleichnamigen Flugzeugkonstrukteur und Unternehmer.
Auf Kunstfans wartet die 1927 gegründete Anhaltische Gemäldegalerie Dessau, ein herausragendes Kunstmuseum. Mit national und international bedeutenden Werken von 1400 bis zur Gegenwart umfasst die Sammlung unter anderem altniederländische, altdeutsche, flämische, holländische und deutsche Malerei des 17. bis 20. Jahrhunderts. Dessau erstreckt sich in einer großflächigen Auenlandschaft entlang der unteren Mulde, die nördlich der Stadt in die Elbe mündet. Es ist also nicht verwunderlich, dass Dessau zu den grünsten Städten Deutschlands gehört. Und nachdem man in die urbanen Schätze Dessaus eingetaucht ist, geht es weiter nach Wörlitz. Das Wörlitzer Gartenreich, das ebenfalls Teil des UNESCO-Welterbes ist, ist ein herausragendes Beispiel für die englische Gartenkunst in Deutschland.
Hier kann man auf den Spuren des Fürsten Franz von Anhalt-Dessau wandeln, der diesen traumhaften Landschaftsgarten im 18. Jahrhundert schuf. Es warten weitläufige Parks, romantische Seen, klassizistische Statuen, malerische Brücken und das Schloss Wörlitz, das als Juwel des klassizistischen Stils das i-Tüpfelchen bildet.

↗ **Blick auf Dessau, eine Stadt, die Moderne und Geschichte in ihrer Architektur und Kultur vereint**

Ankunft

ABEND

Von Hoch- bis Subkultur

Das **Kabarett Dessau** holt Stars, aufstrebende Künstler, Musiker, Kabarettisten, Comedians und Tänzerinnen in die Stadt. Das Programm gilt als anspruchsvoll und unkonventionell und deckt ein breites Spektrum von Hochkultur bis Subkultur ab, einschließlich trashiger Elemente. Veranstaltungsorte sind unter anderem das Alte Theater und das Große Haus des Theaters sowie das Rathaus-Center. Fast jede Woche gibt es kulturelle Highlights aus Kleinkunst und Varieté zu entdecken, die sowohl leichte als auch ernste Unterhaltung bieten.

Tag 1

VORMITTAG

Stadtführung

Eine **Stadtführung** entführt in die 800-jährige Geschichte von Dessau. Sie beleuchtet, wie das Bauhaus seinen Weg in die Stadt fand, Dessaus Verbindung zum deutschen Grundgesetz und die internationale Bekanntheit einiger hier geborener Persönlichkeiten. Die Tour verleiht verschiedenen städtischen Epochen Leben und lässt historische Figuren wie Fürst Leopold III., Friedrich Franz, Erdmannsdorff, Moses Mendelssohn, Kurt Weill sowie Max und Wilhelm Müller zu Wort kommen. Zudem werden Persönlichkeiten wie Hugo Junkers, Walter Gropius und Wassily Kandinsky vorgestellt.

Im Epizentrum des Bauhaus

Zwischen 1925 und 1932 etablierte sich das **Bauhaus** in Dessau als Mittelpunkt der modernen Bewegung. Unter der Führung von visionären Architekten wie Walter Gropius und Ludwig Mies van der Rohe entstand eine revolutionäre Architektur. Gleichzeitig hinterließen Künstler wie Wassily Kandinsky und László Moholy-Nagy nachhaltige Spuren in der Kunst des 20. Jahrhunderts. Diese Ära markierte einen Wendepunkt, der die Gestaltung von Kunst und Architektur dauerhaft prägte und dessen Einfluss bis heute spürbar ist. Exemplarisch dafür stehen das Bauhausgebäude, die Meisterhaussiedlung und die Siedlung Törten.

NACHMITTAG

Das Bauhaus Museum

Noch mehr Bauhaus gefällig? Das im September 2019 eröffnete Bauhaus Museum Dessau präsentiert die umfangreiche Sammlung der Stiftung Bauhaus Dessau. Zentral ist die »Black Box«, die über 50 000 Exponate beherbergt. Das Foyer dient als offene Bühne für künstlerische Veranstaltungen.

ABEND

Burgtheatersommer

Jeden Sommer verwandelt sich die historische Wasserburg in Roßlau in eine eindrucksvolle Bühne für Theateraufführungen, die Zuschauer aus der ganzen Region anlocken. Der sogenannte **Burgtheatersommer** bietet an über 30 Abenden jährlich ein vielseitiges Programm. Neben dem Hauptprogramm gibt es spezielle Angebote wie Kindertheater, Matinee-Vorstellungen und Workshops für Kinder und Jugendliche. Die antiken Mauern der Wasserburg Roßlau tragen zu einer ganz besonderen und atmosphärischen Theatererfahrung bei.

Tag 2

VORMITTAG

Heidewanderung mit tierischem Highlight

Direkt östlich der Stadtgrenze erstreckt sich die **Oranienbaumer Heide**. Dieses Gebiet ist Teil des Biosphärenreservats Mittelelbe und zeichnet sich durch ausgedehnte Heideflächen und Laubmischwälder aus. Früher als Übungsplatz der sowjetischen Armee genutzt, ist es heute ein Rückzugsort für zahlreiche heidetypische Tier- und Pflanzenarten. Die Erhaltung der Heidelandschaft wird durch freilebende Heckrinder und Konik-Pferde gewährleistet.

NACHMITTAG

Ein charmantes Juwel

Im Dessau-Wörlitzer Gartenreich, wo sich deutsche Aufklärung und englischer Gartenstil treffen, entstand ein einzigartiger Kulturschatz. Dieses Gartenreich mit einer Mischung aus klassizistischen, barocken und Rokoko-Elementen beheimatet prächtige Parks wie den Wörlitzer Park, das Schloss Luisium und das Ensemble Oranienbaum.

→ Zwischen 1925 und 1932 etablierte sich das Bauhaus in Dessau als Mittelpunkt der modernen Bewegung, weswegen es noch heute als sein Epizentrum gilt.

DAS BAUHAUS-RESTAURANT

Das Restaurant **Kornhaus** besticht durch seine beeindruckende Bauhausarchitektur direkt an der Elbe mit hervorragendem Blick aufs Wasser. Details wie Türklinken aus der Bauhausära runden das Interieur ab. Es bietet einen geräumigen Innenraum sowie eine große Terrasse.

DER GESCHMACK VON DESSAU

Produkte aus eigener Herstellung und der Umgebung anzubieten, ist im **Brauhaus zum alten Dessauer** eine Selbstverständlichkeit. Zu den Highlights gehören das kulturelle Erbe in Brotform, wie das beliebte Treberbrot oder der Treberkloß, sowie traditionelle Rezepte wie das hausgemachte Schmalz und die Pottsuse

DEUTSCHE UND MEDITERRANE KÜCHE IN WÖRLITZ

In **Zieglers Restaurant** in Oranienbaum-Wörlitz wartet kulinarischer Genuss in Form von zahlreichen traditionellen deutschen und mediterranen Gerichten. Die Speisen werden stets aus frischen und hochwertigen Zutaten zubereitet, egal ob es sich um internationale oder deutsche Küche handelt.

MITTAGESSEN MIT SEEBLICK

Im Gasthaus **Seeblick** in Wörlitz ist der Name Programm: Die Aussicht ist herrlich und die Atmosphäre gemütlich. Gelegen in der idyllischen Landschaft des Wörlitzer Gartenreichs, ist es der perfekte Ort, um nach einem Spaziergang den Gaumen zu verwöhnen.

Der Wörlitzer Park wird gerne auch Venedig Sachsen-Anhalts genannt ...

10 (Ent-) Spannung in Leipzig und dem Neuseenland

Leipzigs lebendige Kultur, historische Sehenswürdigkeiten und Aussichtspunkte laden zu einem unvergesslichen Wochenende ein. Das lässt sich außerdem mit entspannenden Momenten an den idyllischen Seen der Region kombinieren.

Leipzig hat viele Beinamen: Messestadt, Universitätsstadt, Bach- und Buchstadt und wird auch gerne als das neue Berlin bezeichnet – die Stadt ist hip, hat viel zu bieten und ist nicht so überlaufen wie unsere Bundeshauptstadt. Auch hier warten historische Sehenswürdigkeiten wie die imposante Thomaskirche und das Völkerschlachtdenkmal. Perfekt für alle, die in die Geschichte eintauchen möchten! Nicht nur als Schlechtwetteralternative warten Museen und Indoor-Highlights: Im Panometer zum Beispiel warten faszinierende 360°-Panoramen zu historischen Themen, die man von einer Plattform aus bestaunen kann. Für Kunstliebhaber ist ein Besuch des Museums der bildenden Künste und der Leipziger Baumwollspinnerei, einem Zentrum zeitgenössischer Kunst, ein Muss.

Im historischen Waldstraßenviertel kann man die beeindruckende Architektur der Gründerzeit bewundern und wer stattdessen lieber die insgesamt 200 Kilometer langen Wasserwege kennenlernen möchte, kann sich auf eine Rundtour mit dem Kahn begeben oder selbst paddeln – ganz nach Lust und Laune. Denn Leipzig trägt noch einen weiteren Beinamen: Klein-Venedig. Das malerische Neuseenland ist ein wahr gewordener Traum für Naturliebhaber und bietet zahlreiche Freizeitmöglichkeiten. Genießen Sie eine entspannende Bootsfahrt auf dem Markkleeberger See oder erkunden Sie die Gewässer mit dem Kanu. Für Abenteuerlustige ist der Kanupark Markkleeberg, eine der modernsten Wildwasseranlagen Europas, ein aufregendes Ziel. Hier kann man Rafting, Kajaking, Surfing oder Bodyboarding ausprobieren. Ein nasser Spaß für Wassersportfans! Oder haben Sie schon mal Bisons beobachtet? Das geht auf der Buffalo-Ranch in Neukieritzsch. Dort können Sie auch das zarte Fleisch der zotteligen Tiere probieren, das eine Mischung aus kräftigem Rind und nussigem Wild ist und von Kennern sehr geschätzt wird.

↗ Das Leipziger Opernhaus mit seiner 330-jährigen Tradition ist von außen sehr imposant.

Ankunft

ABEND

Für Theaterfans

Das **Schauspiel Leipzig** präsentiert sich als progressives Stadttheater, das die kulturelle Vielfalt und die kulturellen Interessen Leipzigs widerspiegelt. Es zeichnet sich durch eine ästhetische Diversität, markante Regiearbeiten, lebhafte Diskussionen und ein umfangreiches Begleitprogramm aus. Das Theater verfügt über drei Spielstätten: das Schauspielhaus, die Diskothek, und die Residenz in der alten Baumwollspinnerei in Plagwitz, ein international anerkannter Ort für unabhängiges performatives Theater.

Auf Gruseltour

Wer Leipzig bei Nacht entdecken möchte, kann in eine Welt voller Schrecken und Mysterien eintauchen und dabei gespenstische Legenden und unheimliche Geschichten aus Leipzigs Vergangenheit entdecken. Diese **Grusel-Tour** bietet mehr als eine herkömmliche Stadtführung und ist ideal für alle, die das geheimnisvolle und dunkle Leipzig erleben möchten. Ideal für Fans von Ghost Walks!

Tag 1

VORMITTAG

In Klein-Venedig

Leipzigs **Wasserstraßen** kann man ganz entspannt bei einer geführten Bootstour durch die gewundenen Kanäle der Stadt entdecken. Tatsächlich sind die Wasserstraßen der sächsischen Stadt rund 200 Kilometer lang und geben damit viele Möglichkeiten der Erkundung. Nicht vergessen werden sollte der Leipziger Stadthafen, der auch bekannt für seine schicke Strandbar ist. Dann warten 70 Minuten voll alter Industriedenkmäler, beeindruckender Häuserfassaden und hübscher Brücken.

360°-Panoramen

Das **Panometer Leipzig**, Ausstellungsort für Yadegar Asisis beeindruckende 360°-Panoramen, ist in einem umgestalteten Gasspeicher des 20. Jahrhunderts untergebracht. Auf einer Fläche von 3500 Quadratmetern kann man in lebensgroße Panoramen historischer Szenen eintauchen, die von Geräuschen, Musik und Lichteffekten untermalt werden. Auf diese Weise wird auch ein Tag-Nacht-Rhythmus simuliert. Die Panoramen sind von einer Plattform aus zu betrachten und werden durch Ausstellungen und Filme ergänzt.

NACHMITTAG

Leipzig aus vier Metern Höhe

Auf der **Großen Stadtrundfahrt** kann man die Vielfalt von Leipzig im Vorbeifahren erleben. Mit sächsischer Gemütlichkeit erkundet man die beeindruckenden und interessanten Orte der Stadt aus vier Metern Höhe. Die Tour führt vorbei am Zoo, am Gohliser Schlösschen und zum Waldstraßenviertel. Die Thomaskirche, das Neue Rathaus, die Alte Messe und das mdr-Gelände sowie das Völkerschlachtdenkmal, das Panometer oder die Oper sind nur die bekanntesten Highlights der Tour.

Denkmal mit Ausblick

Das **Völkerschlachtdenkmal** wurde 1913 als nationales Monument eingeweiht und soll an die Schlacht von Leipzig im Oktober 1813 erinnern, die die wahrscheinlich größte Schlacht der Weltgeschichte war. Vier Tage lang kämpften die Armeen von Russland, Preußen, Österreich und Schweden erbittert gegen Napoleon. 600 000 Soldaten zogen in diese Schlacht, fast 100 000 fielen ihr zum Opfer. Aber am Ende trat Napoleon den Rückzug an. Das Denkmal ist 91 Meter hoch und damit das höchste Denkmal Europas. Es befindet sich im Südosten Leipzigs, wo die Schlacht stattgefunden hat.

↑ Auf dem Panorama Tower hat man die wohl beste Aussicht über Leipzig.
← Bei einer Bootstour bekommt man einen ganz neuen Blick auf Leipzig.

ABEND

Weitblick über Leipzig

Seit vier Jahrzehnten ragt das 142,5 Meter hohe Hochhaus des mdr, auch Panorama Tower genannt, als das höchste Bürogebäude und Wahrzeichen von Leipzig empor. 1972 entstand es nach den Plänen des renommierten Architekten Hermann Henselmann, der auch für den Berliner Fernsehturm verantwortlich war.

SÄCHSISCH GENIESSEN

Der **Ratskeller** in Leipzig bietet in insgesamt sieben Räumlichkeiten 700 Sitzplätze in überwiegend rustikalem, teils sogar mittelalterlichem Ambiente. Das traditionsreiche Restaurant befindet sich im Neuen Rathaus und bietet gutbürgerliche, sächsische Küche.

ENTSCHLEUNIGUNG & GENUSS PUR

Im Herzen von Leipzig bietet das Restaurant **Wagners** exklusive Gastronomie in ansprechendem Ambiente – und im Sommer wahlweise auf der Terrasse oder im Biergarten. Ungewöhnliche Kombinationen der Zutaten und ausgefallene Weine garantieren ein außergewöhnliches Geschmackserlebnis.

Der etwas andere Hof

In **Neukieritzsch** wartet ein Hof, den man so in Deutschland wahrscheinlich nicht erwarten würde: Hier gibt es nämlich Bisons. Der innovative landwirtschaftliche Betrieb zeichnet sich durch artgerechte und naturnahe Tierhaltung aus. Die Urrinder tragen außerdem zur Landschaftspflege bei.

Kabarett mit Bar-Atmosphäre

Im **Sanftwut** erlebt man eine Mischung aus gemütlicher Kneipe und unterhaltsamem Kabarett. Während man entspannt ein Getränk an der Bar genießt, beginnt plötzlich die Show: Das Licht geht aus und die Bühne erwacht zum Leben. Das erfahrene Team des Kabarett-Theaters sorgt mit seiner Nähe zum Publikum für eine herrlich humorvolle Atmosphäre und bringt in dieser besonderen Umgebung so ziemlich jeden zum Lachen.

Tag 2

VORMITTAG

Wildwasser hautnah

Der **Kanupark Markkleeberg** zählt zu den fortschrittlichsten Wildwasseranlagen Europas und steht technisch auf einer Stufe mit den olympischen Strecken in Sydney, London und Tokio. Dieses Projekt wurde im Rahmen der Bewerbung Leipzigs für die Olympischen Spiele 2012 konzipiert. Gelegen am Markkleeberger See, wird Wasser durch Pumpen in die Kanäle der Anlage geleitet. Hier wird neben Rafting auch Kajakfahren, Surfing und Bodyboarding angeboten.

NACHMITTAG

Klettern mit Panorama

Im **Kletterpark Markkleeberg** wartet ein spannendes Kletterabenteuer, das für alle Altersgruppen ab sechs Jahren geeignet ist. Die Parcours sind so konzipiert, dass sie auf die individuellen Bedürfnisse der Gäste zugeschnitten sind, abhängig von deren Alter, Größe und körperlicher Konstitution. Die Anlage ist in unterschiedliche Ebenen unterteilt, sodass für jeden etwas dabei ist. Besonders beeindruckend ist der Panoramablick über das Leipziger Neuseenland, den man von der höchsten Ebene des Parks aus genießen kann.

Zum Abschluss entspannen

Um nach dem ereignisreichen Wochenende runterzufahren und entspannt in die neue Woche zu starten, steht die Wellnessoase im Riff bereit: das **Kur- und Freizeitbad Bad Lausick**. Um sich etwas Gutes tun, Kraft zu tanken, einfach zu relaxen – dafür stehen mehrere Pools, Saunen, Ruheräume und mehr bereit.

↖ Feucht-fröhlicher Spaß im Kanupark Markkleeberg
→ Große Seenliebe im Leipziger Neuseenland

EIN STÜCK BELLA ITALIA AM COSPUDENER SEE

Pizza, Pasta und Antipasti … Wem jetzt schon das Wasser im Mund zusammenläuft, der sollte einen Besuch im **Sole mio** am Cospudener See einplanen. Das Restaurant mit Seeterrasse, die einen traumhaften Blick aufs Wasser verspricht, bringt italienische Lebensfreude nach Sachsen.

WENN ES MAL SCHNELL GEHEN SOLL …

Im **Bistro** in Kahnsdorf gibt es schnelles und leckeres Essen in Form von vielfältiger deutscher Küche mit einer Auswahl an lokalen und regionalen Gerichten, die von Ofenkartoffeln, Käse, Suppen, Fisch bis hin zur Currywurst sowie himmlischen Desserts wie Waffeln und Eiscreme reicht.

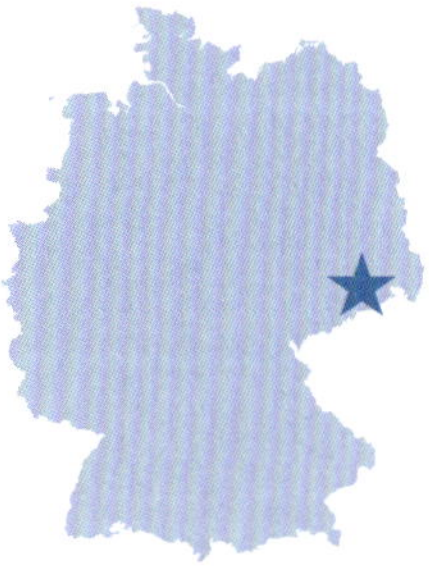

11 Barock & Sandstein in Dresden und der Sächsischen Schweiz

Dresdens Barockarchitektur beeindruckt seit jeher Besucher, die durch die Altstadt schlendern und die Pracht von Semperoper und Co. bewundern. Die Sächsische Schweiz erwartet ihre Besucher mit atemberaubenden Sandsteinformationen und märchenhaften Wanderwegen.

Das Wochenende beginnt in Dresden, der sächsischen Landeshauptstadt, die auch gerne als Juwel an der Elbe bezeichnet wird. Zwischen historischem Glanz und zeitgenössischem Flair verzaubert Dresden und schafft eine fesselnde Atmosphäre. Die barocke Altstadt mit den architektonischen Meisterwerken wie der Frauenkirche, dem Zwinger und der Semperoper sorgt schon mal für bewundernde Blicke. Jedes dieser Gebäude erzählt seine eigene Geschichte und verleiht der Stadt ihren einzigartigen Charakter. Über die Brühlsche Terrasse zu flanieren, die oft als »Balkon Europas« bezeichnet wird, und den reizvollen Blick auf die Elbe zu genießen – sie gilt als einer von Dresdens schönsten Aussichtspunkten –, verleiht dem Besuch eine unvergessliche Note. Kunstliebhaber kommen in den zahlreichen Museen und Galerien auf ihre Kosten, während die lebendige Neustadt mit ihren trendigen Cafés und Boutiquen zum Verweilen einlädt.

Nach der City-Tour durch Dresden führt der Weg in die Sächsische Schweiz, ein wahres Naturparadies, das nur eine kurze Fahrt von Dresden entfernt liegt. Diese Region ist bekannt für ihre beeindruckenden Sandsteinfelsen, tiefen Schluchten und weiten Wälder. Ein Ausflug zur Festung Königstein oder eine Wanderung zur sogenannten Bastei sind fast schon ein Muss, wenn man die Highlights dieser Gegend erleben möchte. Und der atemberaubende Panoramablick über das Elbtal ist einfach magisch. Um diese Orte in Ruhe genießen zu können, ist es empfehlenswert, möglichst früh da zu sein. Es hat sich herumgesprochen, wie schön sie sind und daher ist man hier selten allein. Die ursprünglichen Wanderwege und die besondere Atmosphäre bieten eine willkommene Abwechslung vom städtischen Trubel, sodass man hier zur Ruhe kommen kann.

Dieses Wochenende bietet eine perfekte Balance zwischen dem urbanen Charme Dresdens und der erhabenen Natur der Sächsischen Schweiz.

↗ Die Semperoper in Dresden, ein Meisterwerk der Architektur und ein strahlendes Zentrum der Opernkunst

Ankunft

ABEND

Unterwegs mit dem Nachtwächter

Wenn das Nachtwächterhorn erklingt und der flackernde Schein der Laterne die Gassen der Stadt erhellt, ist es Zeit für die **Nachtwächtertour**. Bei einer abendlichen Entdeckungstour durch die Dresdner Altstadt geht es bei schaurigen Geschichten aus der Vergangenheit an den beleuchteten Sehenswürdigkeiten vorbei.

Opernkunst seit über 350 Jahren

Die **Semperoper** beherrscht als Meisterwerk der Architektur den Theaterplatz. Sie ist im italienischen Hochrenaissance-Stil erbaut worden. Aber sie ist nicht nur schön anzusehen: Sie bietet auch eine unglaubliche Akustik – und das seit 1667. In der glamourösen Spielstätte genießt man Aufführungen aus den Sparten Oper, Ballett und junge Szene. Hier wird jede Veranstaltung zum einzigartigen Erlebnis, das nicht nur durch die Aufführungen selbst, sondern auch durch das außergewöhnliche Ambiente geprägt ist.

Tag 1

VORMITTAG

Altstadt zu Fuß

Die Landeshauptstadt Dresden mit ihrer über 800 Jahre alten Geschichte hat sich von der tragischen Zerstörung ihrer **Altstadt** gegen Ende des Zweiten Weltkriegs sichtbar gut erholt. Dank des Wiederaufbaus der imperialen Prachtbauten präsentiert sich die Stadt heute in neuem und einzigartigem Glanz. Die beeindruckenden Barockbauwerke, darunter der Dresdner Zwinger, die Frauenkirche und die Semperoper, machen die Altstadt zu einem kulturellen Highlight für Besucher. Außerdem wartet ein reiches Kunst- und Kulturangebot.

Der Balkon Europas

Die **Brühlsche Terrasse**, bekannt als der »Balkon Europas«, befindet sich am Ufer der Elbe und ist ideal zum Spazieren. Ursprünglich im 16. Jahrhundert als Teil der Stadtbefestigung errichtet, ist sie seit 1814 öffentlich zugänglich und gilt als einer der schönsten Aussichtspunkte in Dresden. Als Treffpunkt sowohl für Einheimische als auch für Besucher bekannt, zeichnet sich die Terrasse durch zahlreiche Skulpturen, Bäume und Blumenbeete aus, die ein wunderschönes Ambiente schaffen.

NACHMITTAG

Fahrt mit der Schwebebahn

In Dresden verbindet die **Schwebebahn** die Stadtteile Loschwitz und Oberloschwitz. Sie ist neben der benachbarten Standseilbahn eine der beiden Dresdner Bergbahnen. Die 274 Meter lange, führerlose Bahn überwindet einen Höhenunterschied von 84 Metern. Seit der Eröffnung 1901 hat sie sich als historisches Wahrzeichen der Ingenieursbaukunst etabliert.

Stadtrundfahrt auf der Elbe

Eine Bootsfahrt auf der Elbe ermöglicht einen einzigartigen Blick auf die Elbbrücken und die Silhouette der Stadt. Sie ergänzt den klassischen Stadtrundgang und durch die Kombination mit einem Ticket für die Bergbahn kann man Dresden ganzheitlicher erkunden …

ABEND

Comödie

Cabaret, Comedy und Boulevardkomödien laden zum Lachen ein. Sachsens größtes Privattheater ist überregional bekannt und ein fester Bestandteil der Kulturlandschaft der Stadt und ihrer Umgebung. Seit 1996 im World Trade Center beheimatet, befindet sich das Boulevardtheater sowohl im Zentrum der Stadt als auch im Herzen der Dresdner. Die **Comödie** ist wegen ihrer Eigenproduktionen und erfolgreichen Gastspiele beliebt, die bereits zahlreiche überregional bekannte sowie regionale Stars auf die Bühne gebracht haben.

Schwarzlichtminigolf

Den Abend mit Minigolf ausklingen lassen und zwar unabhängig vom Wetter und das ganze Jahr über? Das geht mit **3-D-Schwarzlicht-Minigolf**, bei dem der Anlage mit Schwarzlicht ein atemberaubendes Flair verliehen wird. Die Gestaltung aller Räume erfolgte durch einen international bekannten Graffitikünstler, der sie in verschiedene Themenbereiche unterteilte. Dank der Schwarzlichteffekte erwachen die Räume förmlich zum Leben.

Tag 2

VORMITTAG

Festung Königstein

Die **Festung Königstein** ist ein herausragendes Monument europäischer Festungsbaukunst. Ihre Ursprünge reichen mehr als 800 Jahre zurück und über die Jahrhunderte hat sie sich zu einem einzigartigen Schauplatz der Geschichte entwickelt, der verschiedene Baustile vereint. Besucher können hier die Spuren der Spätgotik, der prachtvollen Renaissance, des detailreichen Barocks und der charakteristischen Architektur des 19. Jahrhunderts entdecken. Die Festung ist somit nicht nur ein Zeugnis militä-

← Der Dresdner Zwinger – mit der Liebfrauenkirche das wohl bekannteste Gebäude der Stadt

IN HISTORISCHEN GEWÖLBEN

Im Restaurant **Pulverturm**, direkt neben der Dresdner Frauenkirche, wartet eine Erlebnisgastronomie in historischen Gewölben. Während des Besuchs sorgen Zauberer, Gaukler und Musikanten für Unterhaltung, die das historische Ambiente lebendig werden lassen. Ein kulinarisches Erlebnis, das Geschichte und Genuss vereint.

WO DAS ESSEN FLIEGEN KANN

Im **Schwerelos**, dem Achterbahnrestaurant in Dresden, wartet ein wohl einmaliges Konzept. In dem außergewöhnlichen Ambiente fliegen Speisen und Getränke auf spektakuläre Weise an die Tische – nämlich über kleine Achterbahnen. Wer gerät da nicht ins Staunen und in Begeisterung?

rischer Strategie und Macht, sondern auch ein lebendiges Museum, das die Entwicklung der europäischen Baukunst über Jahrhunderte hinweg veranschaulicht.

Das Postkartenmotiv der Sächsischen Schweiz

Die Bastei, der am weitesten zur Elbe vorspringende Felsrücken, der über 190 Meter über dem Fluss thront, beeindruckt seit über 200 Jahren mit dem Panoramablick über das Elbtal und das Elbsandsteingebirge. Die Basteibrücke ist ein 76 Meter langes technisches Denkmal und ein beliebtes Postkartenmotiv.

NACHMITTAG

Bummel durch Pirna

Pirna ist ein pittoreskes Städtchen am Rande der Sächsischen Schweiz, das zu einem entspannten Bummel einlädt. Man parkt am besten auf der anderen Seite der Elbe und setzt dann mit der Fähre über den Fluss zur Altstadt über. Dort warten historische Sehenswürdigkeiten wie der Marktplatz, die Stadtkirche St. Marien und das Stadtmuseum.

Schloss in Pirna

Das **Schloss Sonnenstein** ist ein historisches Wahrzeichen über Pirnas Altstadt und hat eine vielfältige Vergangenheit, darunter als Burg, Garnison und Heilanstalt. Nach einer Phase des Verfalls wurde es zwischen 2009 und 2011 saniert. Heute dient das Schloss als Verwaltungssitz des Landkreises. Besucher können den Schlosshof, den Park und die Bastionen erkunden und von der Schloßschänke und dem Schloßcafé aus die atemberaubende Aussicht auf Pirna und bis nach Dresden genießen.

↑ Der Ausblick aufs Elbsandsteingebirge ist ein Traum.
→ Wie einer Postkarte entsprungen: die Bastei

IN DER LEGENDÄREN FESTUNG

Die **Restaurants auf dem Festungsplateau Königstein und in den historischen Gewölbekellern der Kasematten** verzaubern mit atemberaubenden Aussichten und einem reizvollen historischen Flair. Es warten entspannte Momente am Kamin, köstliche Süßigkeiten und ein Ambiente, das die Geschichte der legendären Festung authentisch widerspiegelt.

KREATIV. REGIONAL. EINFACH LECKER.

Im **Lazy Laurich** in Pirna wartet in ansprechendem Ambiente eine kreative, regional inspirierte Küche. Hier werden traditionelle Speisen und feine Delikatessen mit exotischen Akzenten neu interpretiert. So erscheinen bekannte Klassiker in überraschenden Arrangements.

12 Kultur, Bauhaus, Natur in Weimar und im Weimarer Land

An einem Wochenende in Weimar und im Weimarer Land kann man auf den Spuren Goethes und Schillers wandeln, die Architektur des Bauhaus bestaunen und die idyllische Landschaft Thüringens erkunden. Klingt perfekt? Dann los!

Keine andere Stadt steht mehr für die Dichter und Denker Deutschlands. Und so wandelt man in Weimar auf den Spuren von Größen wie Johann Wolfgang Goethe und Friedrich Schiller, deren Geist noch immer durch die Straßen und Plätze der Stadt zu wehen scheint. Das Goethe-Nationalmuseum, das Schillerhaus oder die kunstvoll restaurierte Herzogin-Anna-Amalia-Bibliothek sind einige der Orte, an denen man die Präsenz der deutschen Berühmtheiten spüren und sehen kann.
Auch Gärten – so zum Beispiel der Ilmpark – wurden von Goethe mitgestaltet und das hiesige Deutsche Nationaltheater wurde von selbigem gegründet. Es hat sich als führende Bühne Thüringens etabliert. Weimar ist jedoch nicht nur ein Mekka für Liebhaber klassischer Literatur und Co. Als Wiege des Bauhausstils, der revolutionären Kunst- und Architekturschule des 20. Jahrhunderts, bietet die Stadt eine einzigartige Perspektive auf die moderne Kunstgeschichte. Das Bauhaus-Museum und die Meisterhäuser sind Pflicht für alle, die sich für Design und Architektur interessieren.

Wer genug von Kultur hat und einfach mal entspannen will, kann in einem von Deutschlands ältesten und Thüringens schönsten Schwimmbädern ein lauschiges Plätzchen finden. In der historischen Anlage kann man bereits seit 1928 seine Runden schwimmen. Das Weimarer Land umgibt die Stadt mit einer reizvollen Landschaft, die zum Erkunden einlädt. Entdecken Sie die sanften Hügel, grünen Wälder und friedlichen Flusslandschaften, die diese Region zu einem Paradies für Wanderer und Radfahrer machen. Besuchen Sie charmante Dörfer wie eines von Thüringens ältesten Dörfern: Erstmalig wurde Kapellendorf 833 erwähnt! Und wer das Wochenende mit ein bisschen Entspannung und Wellness abrunden möchte, sollte den Weg nach Bad Sulza mit seiner berühmten Toskana Therme finden, in der man die Glieder nach einer Wanderung oder Radtour entspannen kann.

→ Das Goethe-Schiller-Denkmal in Weimar ist ein eindrucksvolles Monument, das die Freundschaft zweier literarischer Giganten verewigt.

Ankunft

ABEND

Eine Stadt in einem Park

Der **Park an der Ilm** ist ein riesiger Landschaftsgarten, der von Herzog Carl August und Goethe gestaltet wurde. Nachdem Herzog Carl August dem Universalgelehrten 1776 ein Haus mit Garten geschenkt hatte, entwickelten sie den Park gemeinsam im englischen Stil. Besondere Highlights sind das Römische Haus und die Parkhöhle. Heute dient er als eine Mischung aus Erholungsraum und Kunstwerk und ist ganzjährig rund um die Uhr geöffnet. Der deutsche Schriftsteller und Historiker Adolf Stahr beschrieb Weimar aufgrund der Größe des Gartens einst als »einen Park, in dem eine Stadt liegt«.

Tag 1

VORMITTAG

Alles Bauhaus

Vor über 100 Jahren begann in Weimar die Geschichte der bedeutendsten Kunstschule des frühen 20. Jahrhunderts, dem Bauhaus. Walter Gropius, der Gründervater, hätte wohl kaum erwartet, dass seine

innovativen Ideen weltweiten Einfluss auf Architekten und Designer ausüben würden. Thüringen beherbergt zahlreiche authentische Bauhausorte, wobei Weimar besonders hervorsticht. Hier befinden sich drei **Bauhausstätten**, die seit 1996 zum UNESCO-Welterbe zählen und somit einen Platz auf der Must-see-Liste für Besucher haben: das Haus am Horn, das Hauptgebäude der Bauhaus-Universität Weimar und der Kleine Van de Velde Bau.

NACHMITTAG

Schillers Wohnhaus bewundern

In seinem **Wohnhaus** an der Esplanade verbrachte Friedrich Schiller die letzten drei Jahre seines Lebens und Werkschaffens. In dieser Zeit schuf er bedeutende Dramen wie *Die Braut von Messina* und *Wilhelm Tell*. Bis heute können Besucher dort Zeugen seiner letzten Tage werden: Der originale Schreibtisch und Schillers Bett sind immer noch Teil der Einrichtung und bieten einen Einblick in das Leben und Wirken des Dichters.

ABEND

Rund ums Theater

Mit rund 600 Aufführungen jährlich bietet das **Deutsche Nationaltheater** ein vielfältiges Programm in Oper, Schauspiel und Konzerten, das von klassischen bis zu zeitgenössischen Werken reicht. Seine Bedeutung wird durch Einladungen zu wichtigen Theaterfestivals, Auszeichnungen, bedeutenden Uraufführungen und nationalen wie internationalen Koproduktionen unterstrichen, wie etwa die Inszenierung des gesamten *Ring des Nibelungen*. Zusätzlich beherbergt das Theater das Kunstfest Weimar, Thüringens größtes Festival für zeitgenössische Künste, das jedes Jahr im Sommer internationale Künstler nach Weimar bringt.

Tag 2

VORMITTAG

Auf dem Ilmtal-Radweg

Die fünfte Etappe des **Ilmtal-Radwegs** führt in die idyllische Kur- und Weinstadt Bad Sulza. Diese malerische Gegend bezaubert mit ihren sanft geschwungenen Hügeln. Besucher können die wohltuende Sole des Kurparks oder im Gradierwerk *Louise* erleben. Die Ilm mündet in die Saale, was das Ende des 123 Kilometer langen Radwegs markiert. Das Ende der Tour lässt sich mit einem Glas feinen Thüringer Weins zelebrieren.

NACHMITTAG

Wochenendausklang in der Therme

In der **Toskana Therme Bad Sulza** wird das Baden zu einem Erlebnis, das alle Sinne anspricht. Die Therme, eine Hommage an die malerische Kulturlandschaft zwischen Weimar, Jena und Naumburg, bekannt als die »Toskana des Ostens«, verbindet Wärme, heilendes Wasser und Klang zu einer Entspannungserfahrung. Hier, in einem Raum, der neu und vertraut zugleich wirkt, findet man Entspannung und Erholung. Die Therme, die Teil des EXPO-Weltprojekts »Liquid Sound« ist, genießt internationale Anerkennung und bietet ein ganzheitliches Badeerlebnis, inspiriert von der Region, in der Wein, Kunst und kultivierte Lebensfreude zusammenfließen. Der ideale Rahmen also, um ein wunderschönes Wochenende perfekt abzuschließen.

↗ Das Gradierwerk Louise in Bad Sulza ist ein historisches Salinenbauwerk und nicht nur Wahrzeichen der Kurstadt, sondern auch Ort der Erholung.

FÜR LIEBHABER DER THÜRINGISCHEN KÜCHE

Das Restaurant **Scharfe Ecke** in Weimar ist eine beliebte Adresse für alle, die die herzhafte regionale Küche zu schätzen wissen. Die Speisekarte ist eine Hommage an die kulinarische Vielfalt Thüringens und lockt mit einer Auswahl an klassischen Gerichten, die mit Liebe zum Detail zubereitet werden.

AM RANDE DER HISTORISCHEN ALTSTADT

Das Gasthaus **Zum Siechenbräu** ist ein Ort, der mit herzhafter thüringischer Küche verwöhnt. Die Speisen werden traditionell zubereitet, was ein authentisches kulinarisches Erlebnis garantiert. Genau das Richtige für alle, die die Geschmacksvielfalt Thüringens erleben möchten.

EIN STÜCK SLOWENIEN

Im zweiten Obergeschoss einer historischen Ölmühle sowie in der Mehlkammer im ersten Obergeschoss in Eberstedt wartet die **Mühlschenke** mit internationaler Küche, die mit einem slowenischen Touch versehen wird. Sorgfältig und liebevoll eingerichtet, bietet das Restaurant eine gemütliche Atmosphäre.

BÜRGERGARTEN BAD SULZA

Im **Bürgergarten** legt der Chef noch persönlich Hand an den Herd. Diese persönliche Note spiegelt sich in jedem Gericht wider, das mit Sorgfalt und Fachwissen zubereitet wird – und vor allem mit Leidenschaft. Der Bürgergarten ist bekannt für seine herzhaften und traditionellen Speisen, die in einer einladenden und gemütlichen Atmosphäre serviert werden.

WEINTOR

Auf dem Ilmtal-Radweg durch das Weintor – eine malerische Fahrt durch die grüne Landschaft und Weinberge

13 Kulturkick und Bergzauber in Kassel und am Edersee

Die kulturelle Szene Kassels ist nahtlos mit der reichen Geschichte verbunden, die in jedem Winkel der Stadt zu spüren ist. Daneben bieten die nordhessischen Berge und der Edersee das perfekte Ziel für Erholung und Abenteuer.

Im Herzen Deutschlands, eingebettet in die reizende Berglandschaft Nordhessens, liegt Kassel – eine Stadt, die nicht nur schön ist, sondern auch ein bedeutender Kulturstandort. Es ist die Stadt der documenta, der Gebrüder Grimm, des Herkules. Und noch dazu ist sie als Universitätsstadt jung, hip und modern. Als kulturelles Zentrum der Region beherbergt Kassel eine lebendige Kunst- und Kulturszene, die von traditionellen Theatern und vielfältigen Museen bis hin zu modernen Galerien und Street-Art reicht. Es warten außerdem Kulturevents und ein Volksfest mit regionalem Flair, die dem Städtetrip das besondere Etwas verleihen.

Die Geschichte der Stadt ist an jeder Ecke spürbar, sei es durch die majestätischen Bauten, die historischen Plätze oder durch die Erzählungen, die in den engen Gassen widerhallen. Zudem findet man hier den Bergpark Wilhelmshöhe – den mit 2,4 Quadratkilometern größten Bergpark Europas. Er bietet einen Rückzugsort, ein Naherholungsgebiet oder eine Gelegenheit, besondere Fotos zu machen. Die Berge in Nordhessen stehen für ein Naturparadies. Vor allem Aktivurlauber kommen hier auf ihre Kosten. Weitläufige Wälder, Wildbachschluchten und Co. machen das Outdoorerlebnis perfekt. Nicht weit von der Stadt entfernt erstreckt sich außerdem der Edersee, eine Oase der Ruhe und Schönheit. Dieser See, umgeben von den atemberaubenden nordhessischen Bergen, bietet eine idyllische Kulisse für Naturliebhaber und Abenteuersuchende gleichermaßen.

Der See ist bekannt für sein klares Wasser und die umliegenden Wälder. Hier wartet ein Mekka für Wanderer, Radfahrer und Wassersportbegeisterte oder einfach all jene, die am Seeufer entspannen möchten. Die Ufer des Sees laden nämlich zum Genießen der friedvollen Natur ein, während die umgebenden Berge spannende Erkundungstouren bereithalten.

↗ Der Schlossteich mit dem prächtigen Schloss Wilhelmshöhe im Hintergrund – das malerische Kasseler Ensemble

Ankunft

ABEND

Eine märchenhafte Welt

»Aber, Großmutter, was hast du für ein entsetzlich großes Maul!« »Dass ich dich besser fressen kann!« Wer hat als Kind nicht jedes Mal gezittert, wenn Rotkäppchen mit Haut und Haaren vom bösen Wolf verschlungen wurde? Vielleicht fühlt sich der ein oder andere beim Besuch in der **Grimmwelt** ja zurückversetzt in seine Kindheit. Sie bietet die Möglichkeit, in die Welt der berühmten Gebrüder einzutauchen. Auch ihre bedeutenden sprachwissenschaftlichen Beiträge sind Teil davon, etwa durch einen interaktiven Schimpfwortgenerator aus ihrem Deutschen Wörterbuch. Neben Einblicken in die Entstehung der weltberühmten Märchen und das Leben der Grimms in Kassel, sind auch die Originalausgaben der Kinder- und Hausmärchen ausgestellt. Zudem hat man einen beeindruckenden Panoramablick über Kassel, besonders im Sommer von Grimms Garten aus.

Rasant in den Abend

Beim **Kartfahren** warten Geschwindigkeit und Spannung in einem professionellen Sportgerät. Auf der Strecke erlebt man den Nervenkitzel des Fahrens in einem über 50 km/h schnellen Fahrzeug. Wichtig ist eine saubere und umsichtige Fahrweise. Die Anweisungen der Rennleitung und die Flaggensignale sind zu beachten, um sicher und fair zu fahren. Nach dem Rennen führt eine Auslaufrunde in die Boxengasse, wo man das Kart vorsichtig verlässt. Ein aufregendes Fahrerlebnis!

Tag 1

VORMITTAG

Morgens im Museum

Ursprünglich als Kunstkammer gedacht, wurde der Grundstein für die naturkundliche Sammlungstradition in Kassel bereits 1568 gelegt und das **Ottoneum** gebaut. Nach einigem Hin und Her kam es zur Eröffnung des Museum Fridericianum im Jahr 1779, in dem die naturkundlichen Sammlungen untergebracht wurden, und das Ottoneum verlor seine ursprüngliche Bedeutung als Kunsthaus. Heute findet man im Naturkundemuseum im Ottoneum eine Dauerausstellung mit regionalem Bezug.

Ein schräger Park

Der **Bergpark Wilhelmshöhe** unterscheidet sich von herkömmlichen Grünanlagen durch seine Lage am Hang des Habichtswaldes. Mit einem Höhenunterschied von rund 230 Metern zwischen dem Herkules-Monument und dem Schloss Wilhelmshöhe erstreckt sich der Park über etwa 560 Hektar und ist somit der größte seiner Art in Europa. Dieser besondere Landschaftsgarten bietet zahlreiche faszinierende Attraktionen und feierte 2023 sein zehnjähriges Jubiläum als UNESCO-Welterbe.

NACHMITTAGS

Der Allrounder unter den Schwimmbädern

Im **Auebad** findet jeder, was er sucht: Es gibt ein Sportbad, ein Familienbad, ein Freibad und eine moderne Saunawelt, um die Seele baumeln zu lassen. Egal ob Sie Schwimmen als Sport betreiben, einfach nur in der Freizeit gerne im Wasser sind, sich als Sprungtalent oder Rutschmeister sehen, mit Schwimmflügeln planschen oder einfach nur entspannen möchten: Das Auebad bietet für jeden das Richtige – und das das ganze Jahr über.

→ Der Parthenon der Bücher war Teil der documenta14 im Jahre 2017.
↙ Die Wasserfälle des Bergparks Wilhelmshöhe bieten tolle Fotomotive.

SPEISEN IN ROMANTISCHER KULISSE

Am Bergpark Wilhelmshöhe wartet das **Restaurant Gutshof**, das märchenhaftes Flair mit kulinarischer Raffinesse vereint. Die Küche zeichnet sich durch die perfekte Symbiose aus traditionellen hessischen Spezialitäten und moderner internationaler Cuisine aus.

IM HERZEN DER DOCUMENTA-STADT

Das Restaurant **Eckstein**, idyllisch gelegen im Herzen der Documenta-Stadt Kassel, befindet sich in unmittelbarer Laufnähe zur Innenstadt. Hier kann man sich mit herzhaften deutschen Gerichten verwöhnen lassen – hausgemacht und zu fairen Preisen.

Öffentliche Kunst

Das 2015 gegründete Graffiti-Projekt ***KolorCubes*** zielt darauf ab, den städtischen Raum in Kassel durch großformatige Kunst zu bereichern und Menschen zusammenzubringen. Gestartet im Schillerviertel mit wenigen Wandgestaltungen, hat es sich zu einem bedeutenden Bestandteil der lokalen Kunstszene entwickelt. In Zusammenarbeit mit internationalen Künstlern entstanden rund 30 Großwandgemälde, die die Public Art Gallery bilden. Zudem gibt es künstlerische Gemeinschaftsprojekte und kreative Workshops im Schillerviertel, um Menschen die Möglichkeit zur künstlerischen Entfaltung zu bieten.

ABEND

Ein lebendes Kunstwerk

7000 Eichen von Joseph Beuys ist ein in ganz Kassel erlebbares Kunstwerk. Beuys pflanzte den ersten Baum persönlich und seitdem sind viele weitere Eichen zu imposanten Bäumen herangewachsen. Jeder Baum ist an einer schwarzen Stele erkennbar, die Struktur und Stabilität symbolisiert, im Gegensatz zur Eiche, die für Wandel und Entwicklung steht.

Kultur in Kassel

Das **Staatstheater Kassel** bietet ein breites Spektrum an künstlerischen Darbietungen, einschließlich Oper, Konzert, Schauspiel, Tanz und einem speziellen Programm für junge Zuschauer. Seit 1959 ist das Theater mit seinem Opern- und Schauspielhaus am Friedrichsplatz beheimatet, ergänzt durch die 1983 eröffnete Studiobühne Theater im Fridericianum.

Tag 2

VORMITTAG

Über den Baumwipfeln

Entdecken Sie den barrierefreien Baumwipfelpfad TreeTopWalk im Nationalpark Kellerwald Edersee, dem UNESCO-Weltnaturerbe nahe Kassel. Zwischen den Baumspitzen erlebt man das Waldökosystem hautnah und fühlt sich mit der Natur auf wundersame Weise verbunden. Der Pfad ist selbstständig oder im Rahmen einer Führung begehbar.

Wild beobachten

Im malerischen Knüllgebirge nahe Kassel liegt der **Wildpark Knüll**, der die Heimat 40 verschiedener Tierarten ist. Besucher können hier Hirscharten und Wildschafe in freier Wildbahn beobachten, während Bären und Wölfe in eingezäunten Bereichen leben. Der Streichelzoo ist ein besonderes Highlight für Kinder. Der Wildpark setzt sich zudem aktiv für Umweltbildung sowie den Schutz von Arten und Biotopen ein.

NACHMITTAG

Unterwegs in der Klamm

Über rund 8,5 Kilometer erstreckt sich die **Extratour Lochbachpfad** durch die bezaubernde Wildbachschlucht des Lochbachs und verläuft über Wiesenpfade, gesäumt von wilden Orchideen. Dabei bieten sich weitreichende Ausblicke über das Knüllgebirge bis hin zum Kellerwald. Ein besonderes Highlight ist die Lochbachklamm, ein Abschnitt zwischen Wallenstein und Hülsa. Trampelpfade führen entlang des Baches über Stege und Brücken mit Ruhebänken sowie Picknickplätzen.

Wochenendausklang am See

Der malerische Edersee liegt hinter der beeindruckenden 48 Meter hohen Edersee-Staumauer. Die Bergregion ist Teil des Nationalparks Kellerwald-Edersee und liegt im Norden des Kellerwald-Gebirges. Der Nationalpark ist bekannt für seine atemberaubenden Buchenwälder und ist nicht nur ein wichtiger Lebensraum für zahlreiche Tier- und Pflanzenarten, sondern auch Teil des UNESCO-Weltnaturerbes. Am **Strandbad Rehbach** kann man das Wochenende entspannt ausklingen lassen.

↖ Der Edersee ist zu jeder Jahreszeit einen Besuch wert.
→ Flächenmaßig ist der Edersee der zweitgrößte Stausee Deutschlands.

MITTAGESSEN DIREKT AM WASSER

Die **Rehbach-Klause**, das einzige Restaurant am Edersee, das direkt am Wasser liegt, überzeugt mit guter deutscher Küche. Egal ob nach dem Wandern, einer Radtour, dem Besuch im TreeTopWalk oder einfach so zwischendurch: Hier wird fürs leibliche Wohl gesorgt!

FRÜHER SCHUTZHÜTTE, HEUTE RESTAURANT

Im Naturzentrum Wildpark Knüll befindet sich die **Jagdbaude Hepe**, eine moderne Gaststätte, die früher als einfache Schutzhütte für Waldarbeiter diente. Heute bietet sie ein vielfältiges gastronomisches Angebot, darunter gutbürgerliche Küche mit besonderen Wildspezialitäten und saisonalen Aktionen.

14 Mehr als Schickimicki in Düsseldorf und Umgebung

Düsseldorf punktet mit Vielfalt: Von der lebendigen Altstadt mit der »längsten Theke der Welt« über die reiche Kunst- und Kulturszene bis hin zur malerischen Uferpromenade. In der Umgebung warten Highlights wie die Kaiserpfalz in Kaiserswerth.

Die Landeshauptstadt von Nordrhein-Westfalen und rheinische Metropole Düsseldorf ist nicht nur bekannt für ihre elegante Königsallee, schlicht »Kö« genannt, sondern auch für ihre pulsierende Altstadt, die als »längste Theke der Welt« berühmt ist. Wörtlich zu nehmen ist das natürlich nicht: Eine außergewöhnlich lange Theke würde man vergebens suchen. Vielmehr ist damit gemeint, dass sich um die 50 Restaurants, Kneipen und Bars in der Bolkerstraße aneinanderreihen und gemeinsam die längste Theke der Welt bilden. Hier können Sie ein traditionelles Altbier genießen oder einfach durch die malerischen Gassen der Altstadt schlendern, die von Geschäften, Cafés und Galerien gesäumt sind.
Die Rheinuferpromenade lädt zu entspannten Spaziergängen ein, wo man den Blick auf den Rhein und das Treiben der Stadt genießen kann. Wer von der Altstadt die Uferpromenade entlangläuft, kommt unweigerlich zum Rheinturm, der mit 240 Metern ein weithin sichtbares Wahrzeichen abgibt. Der Blick von oben ist einfach herrlich. Läuft man dann weiter, gelangt man zu den Gehry-Bauten, die als schief stehende Gebäude den Strukturwandel des Hafenviertels symbolisieren. Noch ein Stück weiter liegt der Medienhafen, wo innovative Architektur auf historische Kulissen trifft und sich besondere Fotomotive ergeben.
Wer dem städtischen Trubel zu entfliehen sucht, muss nicht weit fahren: Ein kurzer Ausflug führt nach Kaiserswerth, wo die imposante Ruine der Kaiserpfalz Zeugnis von der reichen Geschichte der Region ablegt. Die umliegenden grünen Parks und Naherholungsgebiete bieten eine perfekte Gelegenheit, um sich vom Großstadtdschungel zu erholen. Oder besuchen Sie die Grube Prangenhaus in Wülfrath, ein alter Steinbruch, der heute ein wahres Juwel von einem See ist und einen wunderbaren Abschluss für das Wochenende in Düsseldorf und Umgebung darstellt.

↗ Die futuristischen Gehry-Bauten und der stolze Rheinturm bilden ein Zusammenspiel moderner Architektur in Düsseldorf.

Ankunft

ABEND

Abendlicher Altstadtbummel

Mit dem **Nachtwächter**, einem Gästeführer in historischem Gewand, geht es durch die Düsseldorfer Altstadt … Dabei erlangt man spannende Einblicke in Bräuche und das Alltagsleben vergangener Tage. Während der 90-minütigen Führung fühlt man sich wie auf einer atmosphärischen Reise in die Vergangenheit. Vor allem da die Gassen der Altstadt im Schein der Laternen nach Sonnenuntergang romantisch beleuchtet sind. Sind Sie bereit für einen abendlichen Ausflug ins Mittelalter?

Theater an der Kö

Im Jahr 1994 begann in Düsseldorf ein neues Theaterprojekt, initiiert von einer Gruppe erfahrener Theater-Enthusiasten. Trotz einiger Herausforderungen und dem bereits lebendigen Kulturbetrieb der Stadt brachte das neue Theater in den Schadow Arkaden frischen Wind in die Düsseldorfer Theaterlandschaft. Es folgte einer langen Familientradition im Kulturbereich und trug wesentlich dazu bei, die Stadt erneut als einen wichtigen Ort für Theaterproduktionen zu etablieren. Die Namensgebung, **Theater an der Kö**, inspiriert durch einen Vorschlag von Sir Peter Ustinov, spiegelt die Nähe zur berühmten Düsseldorfer Einkaufsmeile wider.

Tag 1

VORMITTAG

Düsseldorf von oben

Ein markantes Wahrzeichen Düsseldorfs ist der **Rheinturm**. Mit seiner beeindruckenden Höhe von 240 Metern überragt er alle anderen Gebäude. Ein Aufzug hilft hoch hinauf, wo sich ein spektakulärer 360°-Panoramablick eröffnet. Dort oben gibt es Tische, an denen man die Aussicht genießen kann – für Getränke und Snacks sorgt die Bar. An klaren Tagen ist sogar der Kölner Dom in der Ferne sichtbar. Doch auch die nähere Umgebung, wie der Medienhafen mit den Gehry-Bauten, bietet aus dieser Höhe einen faszinierenden Anblick.

Ein Zeichen des Wandels

Der Medienhafen hat sich von einem traditionellen Hafen mit Silos und Co. zu einem modernen Standort gewandelt, an dem alte Häuser neben neuen Gebäudekomplexen stehen. Besonders fallen die schiefen Gehry-Bauten ins Auge. Sie symbolisieren den Strukturwandel des Hafens und sind ein markantes Wahrzeichen der Stadt.

NACHMITTAG

Am Paradiesstrand

Der Hafenbereich von Düsseldorf beheimatet den **Paradiesstrand** mit einer Reihe malerischer Sandbuchten. Vor etwa 20 Jahren war dieser Ort hauptsächlich von Obdachlosen bewohnt und nur selten von Spaziergängern besucht. Doch im besonders heißen Sommer 2003 wurde der Strand von jungen Leuten als idealer Ort zur Abkühlung entdeckt. Der Paradiesstrand entwickelte sich rasch zu einem populären Ausflugsziel – besonders im Sommer – und ist heute ein beliebter Ort für Picknicks, entspanntes Lesen oder um den Blick auf die Rheinuferpromenade zu genießen.

Kiefernstraße

Die **Kiefernstraße** in Düsseldorf präsentiert sich als ein deutlicher Kontrast zur eleganten Kö. In diesem Teil des Stadtteils Flingern findet sich das Herzstück von Düsseldorfs alternativer Szene, insbesondere im Kulturzentrum zakk. Die Kiefernstraße selbst ist geprägt von ihrer Vergangenheit als Zentrum der links-alternativen Hausbesetzerszene, deren Geist noch heute in Form von Street-Art sichtbar ist, die mittlerweile Kultstatus erreicht hat. Besucher können die Geschichte der Straße anhand von Erklärtafeln nachvollziehen.

ABEND

Sonnenuntergang auf dem Grafenberg

Der **Grafenberg**, ein waldreicher Hügel im gleichnamigen Düsseldorfer Stadtteil, hat eine lange Geschichte, die bis ins Jahr 1282 zurückreicht, als er erstmals in einer Urkunde als Godesberg erwähnt wurde. Auf dem Grafenberg gibt es einen Aussichtspunkt mit drei Bänken, bekannt als »Schöne Aussicht«. Von hier aus bietet sich genau das und viele sehen es sogar als die schönste Aussicht der Stadt an. Ein Besuch zum Sonnenuntergang ist besonders empfehlenswert.

Die längste Theke der Welt

Die **Bolkerstraße** in der Düsseldorfer Altstadt, bekannt als die »längste Theke der Welt«, ist eine historische Straße mit über 50 Restaurants, Kneipen und Bars. Diese Gegend repräsentiert die lebhafte Brauhaus- und Kneipenkultur Düsseldorfs, bekannt für das traditionelle Altbier. Neben den Brauhäusern bereichern Studentenkneipen, Musik-Clubs und internationale Bars das vielfältige Angebot.

↖ Düsseldorf mal ganz anders: Street-Art in der Kiefernstraße
↓ Der Rheinstrand ist ein beliebter Treffpunkt zum Entspannen und Genießen.

WAS WILL MAN ME(E)HR?
Im Herzen des Düsseldorfer Medienhafens befindet sich die **Meerbar**, ein kulinarisches Juwel, das besonders an Wochenenden zum lebendigen Treffpunkt wird. Die Location zeichnet sich durch ihre exzellente internationale Küche und eine einzigartige Kombination aus mediterraner Gastronomie, moderner Innenarchitektur und erstklassigem Service aus.

PINK PEPPER
Im stilvollen Steigenberger Parkhotel wartet in einem Wintergartenanbau mit Blick auf die Königsallee das **Pink Pepper**. Das Interieur besticht durch Goldtöne, rosa Sessel und dekorative Details, was eine elegante und anspruchsvolle Atmosphäre schafft. Hier können Gäste eine moderne Küche genießen.

Tag 2

VORMITTAG

Einblicke in die Kalkindustrie

Das **Niederbergische Museum** in Wülfrath wurde 1913 gegründet und konzentriert sich auf das Leben, Arbeiten und die Kalkindustrie der Region. Neben geologischen und paläontologischen Funden beinhaltet es eine historische Apotheke und eine Zinngießerei. Trotz finanzieller Herausforderungen, die 2005 zur Schließung führten, wurde es 2006 durch den »Trägerverein Niederbergisches Museum in Wülfrath e. V.« wiedereröffnet.

Für Wasserratten

Das Strandbad Nord bietet neben einer großen Rasenfläche und einem breiten Strandabschnitt auch Liegen zur Miete. Für zusätzlichen Spaß sorgt der »Wibit Sports Park Unterbacher See« mit Action für alle Altersgruppen. Tickets für den Wibit Park sind online erhältlich. Genießen Sie einen wunderbaren Tag am Strandbad Nord!

NACHMITTAG

Kaiserliche Ruine

Die **Kaiserpfalz** in Kaiserswerth, ursprünglich um 1184 von Kaiser Friedrich I. Barbarossa errichtet, beeindruckt heute als Ruine und zeugt von der reichen Geschichte der Stadt. Diese Pfalz war Teil eines ehemaligen fränkischen Königshofs auf einer Rheininsel und diente als zeitweilige Residenz für Herrscher sowie deren Gefolge. Berühmt wurde sie durch Ereignisse wie den »Kaiserswerther Königsraub« im Jahr 1062 und Barbarossas Umbau zur fast uneinnehmbaren Festung, was eine Blütezeit für Kaiserswerth einleitete. Trotz mehrfacher Zerstörung und Nutzung als Steinbruch nach ihrer Sprengung 1702, wurde sie im frühen 20. Jahrhundert gesichert und restauriert und bleibt ein bedeutendes historisches Denkmal.

Das blaue Juwel

Die **Grube Prangenhaus** in Wülfrath war einst ein Steinbruch, in dem Kalkstein abgebaut wurde. Die Abbauarbeiten begannen 1907 und bis zur Stilllegung des Steinbruchs etwa 90 Jahre später wurden insgesamt 230 Millionen Tonnen Kalkstein gefördert. Das Gelände des Steinbruchs umfasst 100 Hektar und da es mit Wasser zugelaufen ist, erstrahlt heute ein kleines Juwel in mannigfaltigen Blautönen. Ein wunderschöner Ausblick zum Abschluss des Wochenendes in Düsseldorf.

→ Die Kaiserpfalz in Kaiserswerth erzählt von der mittelalterlichen Macht und Pracht.
↓ Der Stadtgraben teilt die berühmte Kö in zwei, weshalb er auch Kö-Graben genannt wird.

ALLES SELBST GEMACHT

Frisch, lecker und aus der Region. So ist das Essen in der **Tonhalle** in Kaiserswerth. Und natürlich selbst gemacht – so wie das Bier, das aus der hauseigenen Brauerei stammt. Da weiß man, was auf den Tisch kommt!

FACHWERK SEIT 1628

Im Herzen des historischen Ortskerns von Wülfrath Düssel erwartet Sie das gemütliche Restaurant **Kutscherstuben** in einem Fachwerkhaus aus dem Jahr 1628. Direkt an mehreren Wander- und Radwegen gelegen, wie dem Panoramaradweg und dem Neandertalsteig, ist es ein beliebter Anlaufpunkt für Wanderer, Radfahrer und all diejenigen, die in geselliger Runde den Hunger stillen möchten.

15 Rhein-Feeling in Köln und Umgebung

Ein echter Genuss wartet für Kulturliebhaber, Bierbegeisterte und Abenteurer in der Domstadt am Rhein. Lassen Sie sich von der rheinischen Lebensfreude anstecken und entdecken Sie die Metropole und die Highlights der Umgebung!

Köln ist als römische Gründung eine der ältesten Städte Deutschlands. Die Siedlung erhielt im Jahr 50 n. Chr. von Kaiser Claudius den Status einer Stadt römischen Rechts und den Namen Colonia Claudia Ara Agrippinensium, was sich im Laufe der Jahrhunderte schlicht zu Colonia und dann zu Köln entwickelte.

Die Metropole am Rhein ist vor allem bekannt für ihre beeindruckende Architektur, ihre lebhafte Kultur und ihre herzliche Gastfreundschaft. Das weithin sichtbare Wahrzeichen der Stadt ist der majestätische Kölner Dom, eine der größten Kathedralen Europas und UNESCO-Weltkulturerbe.

Köln ist außerdem berühmt für seine lebendige Karnevalstradition. Jedes Jahr pilgern daher Tausende in bunte Kostüme gekleidete Besucher, die sich von der rheinischen Frohnatur anstecken lassen wollen, in die Stadt der Jecken. Eine weitere Tradition ist die Braukultur, die hier rund 200 Jahre zurückreicht. Kölsch, ein leichtes, helles Bier, wird in den zahlreichen Brauhäusern und natürlich in den Bars und Restaurants ausgeschenkt. Von den zahlreichen Museen hebt sich das Schokoladenmuseum besonders ab, das wahrscheinlich nicht zuletzt wegen des drei Meter hohen Schokoladenbrunnens Rekordbesucherzahlen vorweisen kann. So wird ein Wochenende in Köln auf jeden Fall zu einer bunten Mischung aus Kultur, Geschichte und Kulinarik.

Am Sonntagmorgen heißt es: raus aus der Stadt, rein in die Natur! Das geht besonders gut beim Wandern in der Wahner Heide oder am Rotter See, einem idyllischen Ort zum Baden und Spazieren. Der Aussichtspunkt Terra Nova bietet zwar einen beeindruckenden Blick auf den Tagebau Hambach – ein Zeugnis des Braunkohlebergbaus –, regt aber auch zum Nachdenken an. Ein Besuch des Schlosses Paffendorf lädt zu einem entspannten Wochenendausklang zwischen Schlossbesichtigungen, Minigolf und Paddeltouren ein.

↗ Das Rheinufer an der Hohenzollernbrücke ist zurecht ein beliebter Fotospot.

Ankunft

ABEND

Kölsch on ice?

Schon mal zwischen beeindruckenden Eisskulpturen und einer Bar aus Eis einen Drink aus einem Glas aus Eis geschlürft? Nein? Dann auf nach Köln! Die **IceBar Cologne** entführt in eine gefrorene Welt, in der man bei –18 °C einen wahrlich coolen Abend in der rheinischen Metropole erleben kann. So schlägt man hier zwei Fliegen mit einer Klappe: Man kann auf das Wochenende anstoßen und gleichzeitig Kölns coolste Sehenswürdigkeit bestaunen.

Rätsel lösen und Köln entdecken

Wer mit etwas mehr Bewegung ins Wochenende starten möchte, kann Köln mit dem Smartphone erkunden … Zum Beispiel bei einer spannenden **Schnitzeljagd direkt auf dem Handy**. Wie? Einfach die App herunterladen, loslaufen und Punkte sammeln, indem Rätsel gelöst und Sehenswürdigkeiten entdeckt werden. Hinweise führen einen durch die Stadt, um sowohl bekannte als auch verborgene Schätze zu entdecken und einiges über sie zu erfahren. So beginnt das Wochenende für Rätselfans und solche, die es werden wollen, mit Spiel, Spaß und dem Entdecken der Kölner Highlights!

Tag 1

VORMITTAG

Die Domstadt vom Wasser aus

Der Rhein wurde bereits im Mittelalter von den Kölnern verehrt. Wie ein fließendes Heiligtum teilt er die Innenstadt. Was wäre also besser, um sich einen ersten Eindruck zu verschaffen, als auf ein Boot zu steigen und die Stadt vom Wasser aus zu erkunden? Die **Bootsfahrt** startet am Konrad-Adenauer-Ufer und in 90 Minuten darf man atemberaubende Blicke auf den Kölner Dom und die historische Altstadt, auf den beeindruckenden Rheinauhafen mit seiner Mischung aus historischer und moderner Architektur, wie den markanten Kranhäusern, auf die idyllischen Poller Wiesen und den malerischen Rheinpark genießen.

Die leckerste Versuchung

In Köln werden Schokoträume wahr! Denn das beliebteste Museum der Stadt entführt auf 4000 Quadratmetern in die **Welt der Schokolade**. Hier taucht man in die Geschichte der Schokolade ein – von den antiken Zivilisationen der Olmeken, Maya und Azteken bis zu den modernen Produktionsmethoden. In der Miniaturfabrik wird so manches Geheimnis um die Schokoladenherstellung gelüftet und im begehbaren Tropenhaus kann man echte Kakaobäume sehen. Das Highlight? Der drei Meter hohe Schokoladenbrunnen, an dem frische Waffeln in flüssige Schokolade getunkt werden können.

NACHMITTAG

Kölsche Brauereikunst

Wo könnte man sich besser in die Geheimnisse des Brauhandwerks einführen lassen als im ältesten Kölschbrauhaus der Welt, der **Brauwelt Köln**? Ob bei einer technischen Brauereibesichtigung, einer historischen Tour durch zwei Jahrhunderte oder einer komödiantischen Führung ... Eine Tour durch die Brauwelt Köln gehört einfach mit dazu!

Kölner Krimis

Köln kann nicht nur Kölsch und Schokolade. Die Stadt hat auch eine geheimnisvolle und düstere Seite, die auf einem spannenden **Stadtrundgang** entdeckt werden kann. Diese erzählt von einer Welt von Ganoven, Entführern und anderen zwielichtigen Gestalten, während man durch die Straßen schlendert und dabei Wahrzeichen wie den imposanten Kölner Dom und die St. Andreaskirche bewundern darf. Der letzte Giftmischer, der berüchtigte Vampir von Düsseldorf und Romy Schneiders Verbindung zu Kölner Zuhältern sind dabei nur drei der spannenden Themen.

ABEND

Auf Zeitreise

Die Goldenen Zwanziger und ihre faszinierende Geschichte kann man dank moderner Technik ganz einfach erleben. **TIMERIDE Köln** heißt das Zauberwort, das auf eine einzigartige Zeitreise mitnimmt. An der Seite des charismatischen Straßenbahnfahrers Pitter und der Hutmacherin Tessa entdeckt man das lebendige Köln vor dem Zweiten Weltkrieg. Im interaktiven Erlebnisraum SENSEUM erlebt man die Welt des Kinos, der Mode und der Musik dieser Ära und kann sich außerdem der ausgelassenen Stimmung des Karnevals hingeben.

VON HAXEN UND BRATWÜRSTEN

Das **Haxenhaus** liegt im Herzen der Kölner Altstadt. Die Eigentümer haben es sich auf die Fahnen geschrieben, die ehrwürdige Tradition des Wirtshauses lebendig zu halten. Und dies tun sie nun seit rund drei Jahrzehnten mit Erfolg. Man darf sich also auf Haxen in vielfältigen Variationen und hausgemachte Bratwürste freuen.

ESSEN VON FRÜH BIS SPÄT

Bei **Wilma Wunder** gehen um 9 Uhr morgens die Türen auf und schließen sich erst um 23 Uhr wieder. Zwischendrin gibt es der Tageszeit angepasste Speisen und das saisonal und regional. Wilma verfolgt besondere Werte: Gemeinsamkeit, Genuss und Achtsamkeit gegenüber unserer Umwelt und unseren Mitmenschen. Und das spürt man!

Theaterabend

Das **Theater am Dom**, ein renommiertes Boulevardtheater in Kölns Altstadt-Nord, ist heute – nach mehreren Umzügen – in den Opernpassagen in der Glo-

↖ Die Altstadt von Köln ist das Herz der rheinischen Lebensart.
↓ Gut Ding will Weile haben, und so dauerte der Bau des Kölner Doms über 600 Jahre.

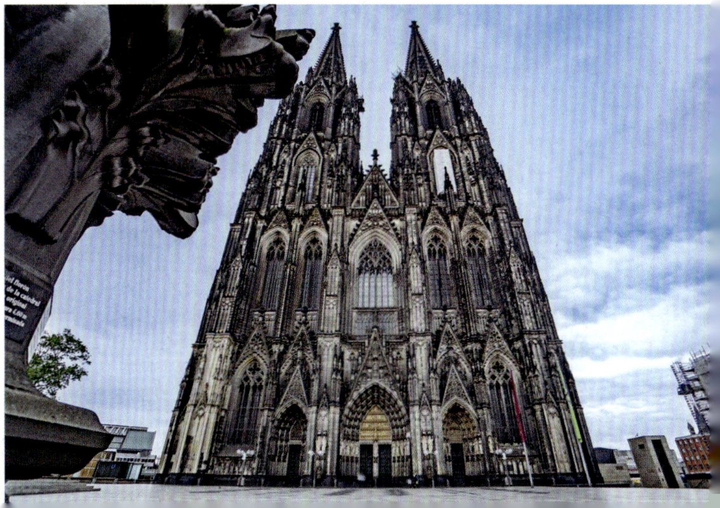

ckengasse beheimatet. Gegründet wurde das Theater ursprünglich 1949 als Westdeutsches Zimmertheater in Solingen. In den Anfangsjahren befand es sich im Obergeschoss einer Kneipe am Heumarkt in Köln und gastierte zeitweilig im kriegszerstörten Monopol-Hotel. 1957 zog das Theater in die Komödienstraße um, wo es wegen der Sicht auf den Kölner Dom den Namen »Theater am Dom« erhielt und auch nach einem weiteren Umzug behielt.

Tag 2

VORMITTAG

Oh, du schöne Heide!

Durch das 37 Quadratkilometer große Naturschutzgebiet Wahner Heide führen insgesamt zehn Rundwanderwege, die mit roten Pfosten markiert sind. Da das Gebiet einst als Truppenübungsplatz diente, besteht bei Verlassen der Wege Lebensgefahr. Wer sich aber an die Regeln hält, kann – vor allem zur Heideblüte – eine wundervolle Wanderung erleben.

Den Morgen am See beginnen

Erholungsuchende aufgepasst! Für einen entspannten Start in den Sonntag wartet der **Rotter See** als beliebtes Ausflugsziel für alle, die es etwas langsamer angehen wollen. Die Wasserqualität ist für gewöhnlich sehr gut und so steht dem Badevergnügen in den ausgewiesenen Bereichen nichts im Wege. Es gibt aber neben dem Strandbereich auch Rad- und Spazierwege, falls man sich spontan doch ein bisschen bewegen möchte.

NACHMITTAG

Ein Blick in die Welt des Tagebaus

Bei dem Anblick bekommt man Gänsehaut: Der Aussichtspunkt **Terra Nova** ist schön hergerichtet, mit Liegestühlen und Sonnenschirmen. Der Ausblick? Der Tagebau in Hambach. Es ist absurd und gleichzeitig faszinierend. Und es scheint, als wäre man in eine andere Welt gebeamt worden. Das Ausmaß des Braunkohlebergbaus erstreckt sich zu den Füßen. Wer versuchen möchte, es zu erfassen, kann es hier mit eigenen Augen sehen.

Zum Abschluss ein wenig Schlossromantik

Nur etwa eine halbe Stunde von Köln entfernt liegt **Schloss Paffendorf**. Das Ausflugsziel ist ein richtiger Allrounder: eine Schlossbesichtigung? Kein Problem! Doch lieber eine Runde Minigolf? Auch in Ordnung! Ein bisschen paddeln auf der Erft? Nur zwei Kilometer entfernt gibt es einen Kajakverleih! Hier gibt es also so einiges zu sehen und zu tun und obendrauf ist das Renaissanceschloss, das von Burggräben umgeben ist, ein echter Hingucker. Kamera nicht vergessen!

← Im 7,5 Hektor großen Schlosspark warten sogar Mammutbäume und Gingkos!
→ Die Wahner Heide ist ein wahres Naturparadies vor den Toren Kölns.

GUTE BALKANKÜCHE

Das **Restaurant Mangold** lockt mit überwiegend kroatischer Küche und hat sowohl etwas für den kleinen Hunger auf der Karte als auch für die ausgiebige Mahlzeit nach der Wanderung in der Wahner Heide. Bei schönem Wetter kann man draußen auf der Terrasse sitzen.

ESSEN IM SCHLOSSGARTEN

In der **Brasserie Schloss Paffendorf** erwartet die Gäste ein modern gestaltetes Ambiente, das mit stilvollen und bequemen Sitzmöglichkeiten auf zwei Ebenen zum Genießen einlädt. Auf der Speisekarte findet man alles von kleinen Snacks bis hin zu raffinierten Menüs, wobei stets frische und regionale Produkte verwendet werden.

16 Auf Entdeckungstour in Aachen und der Eifel

Aachen wartet mit historischen Schätzen wie dem Dom und dem charmanten Stadtzentrum, mit lebendigen Straßen und Cafés. Die Eifel hingegen zieht mit malerischen Fachwerkhäusern und unberührter Natur in den Bann.

Die historische Stadt Aachen – berühmt für ihren rund 1200 Jahre alten Dom, der als erstes UNESCO-Weltkulturerbe Deutschlands eingetragen wurde, sowie das historische Rathaus – bietet eine faszinierende Mischung aus Geschichte und modernem Stadtleben. Bei einem Spaziergang durch die lebhaften Straßen mit Kaffee und Kuchen in einem der vielen gemütlichen Cafés oder beim Bummeln in den zahlreichen Boutiquen und Geschäften erlebt man die Stadt am besten.
Wer die Füße schonen möchte, kann stattdessen eine Bustour machen, die zwar nicht durch die Altstadt, dafür aber zu anderen Highlights führt. Oder wie wäre es mit einem entspannten Nachmittag in den Carolus Thermen?
Für abendliche Unterhaltung sorgen zum Beispiel das Black Table, ein Close-up-Zauberkunst-Theater, das magische Momente verspricht, oder die Holobar, in der man virtuelle Abenteuer erleben kann. Klassischere Erlebnisse sind Stadtführungen in der Abenddämmerung oder ein Besuch im Aachener Theater, das auf eine über 230-jährige Geschichte zurückblickt.

Am Sonntag wartet ein wahres Juwel der Eifel: Monschau. Mit verwinkelten Gassen, farbenfrohen Fachwerkhäusern und der eindrucksvollen Burg Monschau bietet dieser Ort eine atemberaubende Kulisse, um Fotos zu machen oder gemütlich spazieren und wandern zu gehen. In die Atmosphäre dieser mittelalterlichen Stadt eintauchen, die lokalen Handwerksläden erkunden und die regionalen Spezialitäten in einem der traditionellen Restaurants genießen, verspricht einen romantischen Tag.
Wer lieber einen tierischen Wochenendausklang sucht, kann einen Besuch im Alsdorfer Tierpark einplanen. Schon mal in einem Boot gegrillt? Das geht in den BBQ-Booten am Alsdorfer Weiher! Inmitten des schönen Broichtals bleiben hier kaum Wünsche offen, während man das Wochenende entspannt ausklingen lassen kann.

↗ Der Aachener Dom ist nicht nur ein architektonisches Meisterwerk, sondern auch Wahrzeichen der Kaiserstadt Aachen.

Ankunft

ABEND

Magische Momente erleben

Wer lässt sich nicht gerne verzaubern? Im **Black Table** in Aachen, dem einzigen Close-up-Zauberkunst-Theater der Stadt, kann man die Tricks von Nahem beobachten. In persönlichem Ambiente mit maximal 62 Zuschauern kann man sich hier den Atem rauben lassen. Zwischendurch wird man vielleicht auch mal an seinem Verstand zweifeln. Bereit für einen zauberhaften Abend?

Aachen in der Abenddämmerung

Die historischen Winkel der Aachener Altstadt scheinen in der malerischen Abenddämmerung erst lebendig zu werden. Daher bietet sich besonders ein **abendlicher Stadtbummel** durch die alte Kaiserstadt an. Wer sich darauf einlässt, kann auf diese Weise in eine Welt voller Geschichten und Geheimnisse eintauchen. Egal ob allein oder mit einem Tourguide: Wenn man durch die verwinkelten Gassen und zu den idyllischen Plätzen schlendert, erhält man faszinierende Einblicke in die berühmtesten Bauwerke der Stadt.

Tag 1

VORMITTAG

Entspannte Bustour

Bei einer **Bustour** mit einem erfahrenen Gästeführer können historische Stadtmauern und versteckte Schätze Aachens erkundet werden. Abseits der bekannten Sehenswürdigkeiten wie dem Dom und dem Rathaus führt die Tour durch charmante Viertel wie zum Beispiel dem Frankenberger Viertel mit seinen traditionellen Bürgerhäusern sowie dem idyllischen Kurviertel Burtscheid. Unterwegs werden markante Punkte wie die Universität und die Uniklinik passiert, die für ihre moderne High-Tech-Architektur bekannt sind. Die Tour lässt sich hervorragend mit einer Altstadtführung kombinieren, um das Sightseeing-Erlebnis zu vervollständigen.

Buntes Gefecht

Im **Paintballpark Aachen** kann man auf einem großen Woodland-Feld mit über 10 000 Quadratmetern Fläche ein echtes Outdoorabenteuer erleben. Von Februar bis Dezember gibt es samstags offene Spieltage, die keiner Voranmeldung benötigen und zu denen man allein oder in der Gruppe erscheinen kann. Anders als auf kleineren Feldern gibt es hier keine langen Wartezeiten, da alle Spieler in zwei Teams aufgeteilt werden, wobei die Gruppen flexibel gewechselt werden können.

↑ Der »Zankapfel Aachens«: Das Fischpüddelchen sorgte aufgrund seiner Nacktheit für Aufsehen. ↙ Von innen wie von außen … der Aachener Dom ist einfach imposant.

NACHMITTAG

Deutschlands erstes Welterbe

Der **Aachener Dom**, das am besten erhaltene Bauwerk aus der Karolingerzeit, begeistert seit über 1200 Jahren. Er dient als Karls des Großen letzte Ruhestätte und war bis 1531 Krönungskirche. Aufgrund seiner außergewöhnlichen Bedeutung wurde er 1978 als erstes deutsches Denkmal in die UNESCO-Welterbeliste aufgenommen.

Ein genüsslicher Mittag

Momente voller Entspannung mit den heilenden Kräften des Aachener Mineral-Thermalwassers kann man in den **Carolus Thermen** erleben. In der besonderen Badewelt heißt es: Seele baumeln lassen und neue Energie tanken. Die belebende Wirkung der Thermalbäder mit unterschiedlichen Wassertemperaturen, der Ruheraum mit Salzgradierwerk und das erfrischende Soledampfbad sind ein wahrer Genuss.

ABEND

Theater mit Tradition

Das **Aachener Stadttheater**, gegründet 1751, entstand zunächst als Komödienhaus am Katschhof. Das heutige Gebäude im klassizistischen Stil wurde 1825 eröffnet. Nach der Zerstörung im Zweiten Weltkrieg wurde es wiederaufgebaut und 1951 neueröffnet. Verschiedene Intendanten, darunter Paul Mundorf und Elena Tzavara, haben das Theater über die Jahre geformt und so wurde es zum Schauplatz für zahlreiche bekannte Künstler, darunter Dirigenten wie Leo Blech, Sänger wie Ludwig Suthaus und Schauspieler wie Jürgen Prochnow.

In der virtuellen Realität

Das **Holocafé** in Aachen bietet ein einzigartiges Erlebnis, das Café-Ambiente mit modernster Virtual-Reality-Technologie verbindet. Besucher können hier

TRADITION SEIT 1698

Am Knipp ist ein Traditionslokal, das sich ganz bewusst als gastronomisches Pendant zu den berühmten Aachener Sehenswürdigkeiten wie dem Dom und dem Rathaus präsentiert. Zu essen gibt es deutsche Küche mit internationalem Einfluss. Der Biergarten wurde bereits als eine der drei schönsten Terrassen der Region ausgezeichnet.

ESSEN IM EINHORN

Die Aachener nennen ihr ältestes bekanntes Lokal liebevoll Einhorn, obwohl es eigentlich **Das goldene Einhorn** heißt. Auf der Terrasse kann man den Blick auf das Aachener Rathaus genießen. Gesehen und gesehen werden … das ist hier die Devise! Und das bei einem frisch gezapften Bier, einem ausgewählten Wein oder einem traditionellen Gericht.

bei einer Tasse Biokaffee in faszinierende virtuelle Welten eintauchen. Ausgestattet mit VR-Brillen, haben Gäste die Möglichkeit, in eine Vielzahl von virtuellen Abenteuern einzutauchen – von spannenden Spielen bis hin zu immersiven Erlebniswelten. Das Holocafé schafft damit eine innovative Freizeitaktivität, die sowohl Technikliebhaber als auch Cafébesucher anspricht und eine völlig neue Art der Unterhaltung in die Aachener Gastronomieszene bringt.

Tag 2

MORGEN

Stadtbummel in Monschau

Bei einem Ausflug in die **Monschauer Altstadt** warten Fachwerkgassen wie aus dem Bilderbuch auf einen Stadtbummel. Bei einer Altstadtführung kann man die Kunstfertigkeit der Glasbläser erleben, auf dem Handwerkermarkt stöbern oder die Sandskulpturenausstellung bestaunen. Wer sich etwas gönnen möchte, legt eine Kaffeepause in einem gemütlichen Monschauer Café ein, bevor es ins Museum Rotes Haus geht oder zu einer Vorführung in der Historischen Senfmühle mit Senfverkostung.

Tierische Begegnungen auf Schritt und Tritt

Inmitten der grünen Pracht des **Broichtals** erwartet Besucher ein tierisches Vergnügen für die ganze Familie – und das bei freiem Eintritt. Der Park bietet für jede Altersgruppe etwas: von einem Streichelzoo, wo Kinder Ziegen füttern können, über Enten auf ihrem Teich bis hin zu Weißkopfäffchen und Erdmännchen. Beliebte Attraktionen sind der große Spielplatz mit seiner langen Rutsche und der Floßteich. Eine Hängebrücke bietet eine spannende Möglichkeit, den Bach zu überqueren.

NACHMITTAG

Was für ein Panorama!

Der Panoramaweg außerhalb Monschaus führt durch Eichenwälder zu Aussichtspunkten wie dem Halve Mond und der Mühlenlay, von wo aus man atemberaubende Blicke auf die mittelalterliche Stadt genießt. Die Wanderung durch Wälder, Wiesen und Felder bietet Natur pur. Im Anschluss lockt die Innenstadt mit Kaffee und Kuchen.

Gemütlicher Wochenendausklang

Am **Alsdorfer Weiher** bietet sich die Möglichkeit, das Wochenende ganz entspannt ausklingen zu lassen: entweder beim Picknick am Ufer oder auf einem der BBQ-Boote, auf die man sich ganz einfach alles Nötige zum Grillen im Voraus bestellen kann. Für Aktive gibt es Tretboote und eine Minigolfanlage.

↖ Wer besonders früh am Alsdorfer Weiher ist, kann den mystischen Sonnenaufgang erleben.
→ Am Morgen liegen die Boote am Alsdorfer Weiher noch ruhig da.

IN EINEM DER ÄLTESTEN LOKALE IN MONSCHAU

Das **Haller** ist ein einladendes Kneipenrestaurant mit rustikalen Holzbalken und bietet eine köstliche Auswahl an deutschen und italienischen Gerichten. Seine Lage direkt am Marktplatz in Monschau, mit einem malerischen Blick auf die Rur und einem Eingang von der Eschbachstraße, ist ideal.

INTERNATIONAL UND GEMÜTLICH

Das **Zwei Brüder** in Alsdorf wartet mit römischer Pizza, herzhaftem Burger und saftigen Steaks mit perfekter Grillkruste auf. Nicht zu vergessen sind die tagesfrischen Salate, verführerischen Desserts und andere Köstlichkeiten. Für entspannte Momente gibt es heißen Milchkaffee und hausgemachte Limonade.

17 Um Rhein und Mosel in Koblenz und der Eifel

An der Mündung von Rhein und Mosel wartet Koblenz mit viel Geschichte und einer charmanten Altstadt. Die Umgebung ist nicht weniger eindrucksvoll mit Burgen und Schlössern, die einen Blick in die Vergangenheit und fantastische Ausblicke gewähren.

Bereits während des Gallischen Krieges erreichten die römischen Truppen unter Julius Caesar die Region um den Zusammenfluss von Rhein und Mosel. Auch wenn es noch einige Jahrzehnte bis zum Bau eines ersten Kastells dauerte, so gründeten die Römer dennoch die Stadt, die heute Koblenz heißt und ein ideales Ziel für einen romantischen Wochenendausflug ist.
Ein absolutes Muss ist das Deutsche Eck an der Mündung der beiden großen Flüsse, das eine perfekte Fotokulisse bietet. Von hier kann man die Festung Ehrenbreitstein bestaunen, die erhaben über der Stadt thront. Die Seilbahn liegt nicht weit entfernt, sodass man nach dem Besuch am Deutschen Eck direkt hoch zur Festung fahren kann. Oben angekommen, warten historische Einblicke und atemberaubende Ausblicke ins Rheintal.
In der Altstadt sollte man aufpassen, nicht angespuckt zu werden: Dort steht nämlich der Schängel – die Statue eines Jungen, der immer wieder mal einen meterweiten Wasserstrahl auswirft. Das Forum Confluentes ist ein modernes Kulturzentrum auf sechs Stockwerken, in dem Besucher die vielseitige Kunstsammlung des Mittelrhein-Museums entdecken können. Zudem beherbergt das Gebäude die Stadtbibliothek, das interaktive Erlebnismuseum Romanticum, die Touristeninformation sowie Cafés und Restaurants. Oder man macht eine Bootsfahrt auf dem Rhein, um die Landschaft aus einer anderen Perspektive zu erleben.
Die Umgebung von Koblenz steckt voller Schätze. Malerische Burgen und Schlösser liegen entlang der Flüsse, idyllische Orte warten darauf, entdeckt zu werden. Monreal, ursprünglich im 12. Jahrhundert als Königsberg erwähnt, erlangte durch den Bau der Löwenburg und später der Philippsburg Bedeutung. Trotz Zerstörungen im 17. Jahrhundert und dem Niedergang der Tuchindustrie im 19. Jahrhundert erholte es sich und wurde zu einem beliebten Ziel.

↗ Das Deutsche Eck in Koblenz, wo Mosel und Rhein zusammenfließen – ein symbolträchtiger Ort deutscher Geschichte.

Ankunft

ABEND

In einer alternativen Welt

MacFlay Adventure in Koblenz bietet ein einzigartiges Erlebnis mit einem Virtual Reality Arcade und einem echten Escape Room. Alleine oder im Team kann man in eine spannende VR-Games- und Escape-Abenteuer-Welt eintauchen. In der virtuellen Realität warten aufregende Welten, faszinierende Geschichten, fesselnde Rätsel und grenzenlose Erlebnisse auf die Besucher.

Die Korken knallen lassen

Jeden ersten Freitag im Monat um 17:30 Uhr stehen die **Koblenzer Wein- und Sektgeschichte(n)** an. Bei einem Spaziergang, der durch die Altstadt von Koblenz führt, geht es auch vorbei an Sehenswürdigkeiten, begleitet von interessanten Geschichten über Wein. Im Sektmuseum erhält man eine Einführung in die Wein- und Sektherstellung, bei der natürlich ein kurzer Stopp im Kellergewölbe inklusive ist. Abgerundet wird die Tour von einem Glas Sekt. Freuen Sie sich auf ein authentisches Erlebnis rund um Wein und Sekt. Auf Ihr Wohl!

↑ Der Jesuitenplatz ist nach der Ordensgemeinschaft benannt, die hier von 1580 bis 1773 wirkte.
↘ Am Deutschen Eck wird man von Kaiser Wilhelm, stolz und hoch zu Ross, begrüßt.

Tag 1

MORGEN

Historischer Knotenpunkt

Das **Deutsche Eck** ist ein geschichtsträchtiger Ort: Im 13. Jahrhundert siedelte sich hier, wo Rhein und Mosel zusammenfließen, der Deutsche Orden an und gab dem Ort seinen Namen. Der Zusammenfluss der beiden Flüsse ist auch der Ursprung des Namens Koblenz. Der ursprüngliche lateinische Name *Castellum apud Confluentes*, was »das Kastell an den Zusammenfließenden« bedeutet, hat sich im Laufe der Zeit zu dem heutigen Namen Koblenz entwickelt.

Das Leben am Rhein

Das **Rhein-Museum Koblenz**, eines der ältesten Museen in Rheinland-Pfalz, gegründet 1912, widmet sich den vielfältigen Aspekten des Lebens am Rhein. Besucher können beeindruckende Großobjekte wie Dampfmaschinen, Schiffsmodelle und das einzigartige Ehrenbreitsteiner Schiff aus dem 17. Jahrhundert bewundern.

NACHMITTAG

Mit der Seilbahn zur Festung

Die **Festung Ehrenbreitstein** liegt majestätisch auf einem 118 Meter hohen Felsen gegenüber der Moselmündung. Ihre Geschichte reicht über 3000 Jahre zurück und umfasst Siedlungen von Kelten, Germanen und Römern. Ursprünglich eine kurtrierische, später preußische Festung, wurde sie zwischen 1817 und 1828 neu errichtet und diente bis 1918 der Sicherung des Mittelrheintals. Heute ist die Festung Eigentum von Rheinland-Pfalz und beherbergt unter anderem das Landesmuseum Koblenz. Seit 2002 gehört sie zum UNESCO-Weltkulturerbe Oberes Mittelrheintal. Zu erreichen ist die Festung mit der Seilbahn, die unweit des Deutschen Ecks ihre Talstation hat.

Altstadterkundung mal anders

Die charmante **Altstadt von Koblenz** offenbart ihre Geschichten bei einer historischen und kulinarischen Stadtführung. Durch kopfsteingepflasterte Gassen, an historischen Fachwerkhäusern, Gründerzeitbauten und modernen architektonischen Highlights vorbeiwandernd, erlebt man das lebendige Flair der Stadt. Die Freundlichkeit der Koblenzer prägt die Atmosphäre, während an Cafés, Geschäften und einzigartigen Lokalitäten zur Verkostung Halt gemacht wird.

ABEND

Ein Abend im Theater

Das **Theater Koblenz** bietet ein breites Spektrum an Darbietungen mit eigenen Ensembles für Musiktheater, Schauspiel, Ballett und Puppentheater. Sein vielfältiges Repertoire reicht von Oper und Musical über Schauspiel und Ballett bis hin zu Puppenspiel sowie Kinder- und Jugendtheater und deckt dabei alle Epochen und Genres ab. Zusätzlich zu den Aufführungen bietet das Theater ein umfassendes Begleitprogramm an, darunter Matineen, Einführungen in die Werke, Publikumsgespräche, theaterpädagogische Aktivitäten und Führungen hinter den Kulissen. Das Theater veranstaltet zudem Sonderveranstaltungen, Lesungen, eine Late-Night-Reihe und betreibt zwei Amateur-Spielclubs, die eigene Produktionen präsentieren.

Rheinromantik

Die Gegend um Koblenz markiert einen der atemberaubendsten Abschnitte des Rheins und verzaubert durch die Fülle historischer Burgen und Schlösser, die entlang des Ufers thronen. Hier eröffnet sich eine Welt voller Geschichte und Romantik. Wann könnte eine solche Bootsfahrt schöner sein als zum Sonnenuntergang?

WENN GESCHICHTE UND MODERNE VERSCHMELZEN

Gerhards Genussgesellschaft, nur einen Steinwurf vom Deutschen Eck entfernt, ist eine Kombination aus Geschichte und Moderne. Früher als Proviantlager eines Klosters genutzt, begeistert es heute mit dem historischen Gewölbe und teils modernem Interieur. Die Küche zeichnet sich durch klassische Speisen mit mediterranen Einflüssen aus.

IM HERZEN DER ALTSTADT

Gelegen in der Altstadt von Koblenz, bietet das **Verbene** eine moderne und saisonale Küche, die durch ihre Regionalität besticht. Die Zutaten stammen vor allem von lokalen Lieferanten. Ein besonderes Highlight ist der idyllische Brunnenhof, wo man in ruhiger Atmosphäre speisen kann.

Tag 2

MORGEN

Burgenromantik am Rhein

Die **Martinsburg**, auch bekannt als Martinsschloss, ist eine historisch bedeutende Festung am Rhein aus dem ausgehenden 13. Jahrhundert. Ursprünglich zum Schutz des Rheinzolls erbaut, umfasste die Anlage einen 28 Meter hohen Hauptturm mit ausgezeichnetem Blick auf den Rhein und umliegende Gebiete sowie weitere Wohn- und Wehrbauten. Im Laufe der Jahrhunderte wurde die Burg mehrfach erweitert und umgebaut, weshalb sie Elemente aus verschiedenen Epochen aufweist.

Zwischen Westerwald und Taunus

Die **Ruppertsklamm** bei Lahnstein bietet ein kleines, alpines Wandererlebnis auf einer kurzen Strecke von nur 1,5 Kilometern. Es gilt, auf engen Pfaden zwischen hohen Felswänden, die teilweise mithilfe von Seilen überwunden werden müssen, rund 235 Höhenmeter zu erklimmen. Die Ruppertsklamm ist Teil des berühmten Rheinsteigs, der für seine spektakulären Ausblicke und abgelegenen Pfade bekannt ist.

NACHMITTAG

Der königliche Berg

Monreal befindet sich im malerischen Elztal in der Eifel und entzückt durch die charmante Altstadt mit historischen Fachwerkhäusern. Trotz der turbulenten Vergangenheit erholte sich das Örtchen im 19. Jahrhundert dank seiner idyllischen Lage und der beiden Burgen, die über der Stadt thronen, und wurde zum beliebten Ausflugsziel.

Monrealer Ritterschlag

Monrealer Ritterschlag – was nach einer mittelalterlichen Ehrung klingt, ist in Wirklichkeit ein Wanderweg um das malerische Örtchen. Er ist einer der Traumpfade in der Eifel und rund 14 Kilometer lang. Geparkt werden kann am alten Bahnhof, von wo ein Zubringer in die Altstadt führt. Der Rundweg führt entlang der friedlichen Bachtäler der Elz und Thürelz, die mit ihrer natürlichen Schönheit begeistern, durch tiefe Waldschluchten und über malerische Bergrückenpfade mit einzigartigen Ausblicken auf das Panorama der Eifel. Ein Highlight sind die historischen Burgen Philippsburg und Löwenburg, die majestätisch über Monreal thronen.

← Die Löwenburg wird als größere der beiden Ruinen auch Burg Monreal genannt.
→ Einfach entzückend, wie sich der Elzbach durch den Ort schlängelt.

PERFEKT FÜR WANDERER

Das **Restaurant & Gasthof Koppelstein** in Lahnstein legt großen Wert auf Gastfreundschaft und Service. Gäste können sich auf traditionelle, gutbürgerliche Küche, hausgemachte Kuchen und gemütliche Gästezimmer freuen.

IM ALTEN PFARRHAUS

Das **Alte Pfarrhaus** hat es sich auf die Fahnen geschrieben, das warme und einladende Ambiente eines Familienhauses, wo Generationen von Großeltern bis zu Kindern zusammenfinden, zu schaffen. Es ist ein beliebter Treffpunkt, um in Gemeinschaft zusammenzukommen, Gedanken auszutauschen, sich bei einer kleinen Vesper, Kaffee und Kuchen zu stärken.

18 Auf den Spuren der Römer in Trier und der Südeifel

Im Herzen der Südeifel wartet ein unvergessliches Wochenende zwischen Antike und Moderne in der ältesten Stadt Deutschlands. Dann geht es nach Bitburg, wo man die faszinierende Welt des Bierbrauens erlebt und das ländliche Flair genießen darf.

Die Region zwischen Südeifel und Mosel lockt mit beeindruckender Natur, weit zurückreichender Geschichte und gaumenverwöhnender Kulinarik. Als Deutschlands älteste Stadt besticht Trier mit beeindruckenden römischen Baudenkmälern wie der Porta Nigra, dem Amphitheater und den Kaiserthermen. Wer von den Spuren der antiken Kultur nicht genug kriegen kann, findet hier ein wahres Juwel.

Die malerischen Straßen der Altstadt zeugen von den rund 2000 Jahren Stadtgeschichte und können wahrlich verzaubern. Ob bei einem abendlichen Spaziergang über die Kopfsteinpflastergassen, beim Schlendern entlang der Mosel oder vom Aussichtspunkt auf dem Petrisberg aus … Trier sorgt hier für besondere Momente, die man mit der Kamera zum Teilen festhalten oder tief im Herzen für sich behalten kann.

Außerdem lockt auf der anderen Seite der Mosel der Trierer Stadtwald – mit dem Tiergehege, zahlreichen Wander- und Mountainbikewegen und der Villa Weißhaus, die auf dem Felsvorsprung thront. Perfekt für alle, die sich ein wenig zurückziehen und bereits den Samstag in der Natur verbringen möchten.

Nach einem Tag voller Entdeckungen in Trier führt der Weg in das rund eine Autostunde entfernte Bitburg. Die Stadt ist vor allem wegen ihres Bieres berühmt. In der Bitburger Erlebniswelt kann man in die Geheimnisse des Bierbrauens eintauchen und eine spannende Tour durch die historische Brauerei mitmachen.

Unweit von Bitburg liegt im beschaulichen Örtchen Biersdorf – auch wenn der Name anderes vermuten lässt – der Bitburger See. Der Stausee ist ein Naherholungsgebiet, das aus der Gegend nicht mehr wegzudenken ist. Mit seinen Wander- und Radwegen sowie der Möglichkeit, über den See zu paddeln oder einfach den Ausblick von einer Parkbank aus zu genießen, bietet sich hier die Chance für Entspannung und gleichermaßen für eine aktive Tagesgestaltung.

↗ Die Hohe Domkirche St. Peter zu Trier ist Deutschlands älteste Bischofskirche und die Mutterkirche des Bistums Trier.

Ankunft

ABEND

Zur Knutschkurve

Oberhalb des Trierer Amphitheaters liegt gut sichtbar der **Petrisberg** – und zwischen den Reben im Weinberg ein Aussichtspunkt. Dieser war schon zu Zeiten der Römer beliebt, als sie um 30 v. Chr. mit dem keltischen Stamm der Treverer konfrontiert waren, die nicht Teil des Römischen Reiches werden wollten. Wo man heute den herrlichen Blick ins Moseltal genießen kann, gab es damals ein großes Militärlager für über 10 000 Soldaten. Der Aufstand wurde rasch niedergeschlagen, das Lager bald größtenteils abgebaut. Die attraktive Hanglage des Geländes wurde später für den Weinanbau genutzt, eine Tradition, die bis heute anhält. Der Aussichtspunkt – vor allem zum Sonnenuntergang ein magischer Ort – wird auch Knutschkurve genannt.

Moselromantik

Bei einem abendlichen **Spaziergang entlang der Mosel** kann man die malerische Schönheit und Ruhe der ältesten Stadt Deutschlands genießen. Während die letzten Sonnenstrahlen des Tages sanft über die ruhig fließende Mosel glänzen, bietet der Weg entlang des Flusses eine friedliche Kulisse. Vorbei an historischen Gebäuden, die in der Abenddämmerung in einem ganz besonderen Licht erscheinen, und durch grüne Parks spürt man die lange Geschichte Triers. Das Plätschern des Wassers und das leise Rauschen der Bäume begleiten Spaziergänger, während die Brücken über die Mosel ein idyllisches Bild malen.

Tag 1

MORGEN

Porta Nigra

Die berühmte **Porta Nigra** in Trier wurde um 170 n. Chr. errichtet und ist das besterhaltene römische Stadttor nördlich der Alpen und ein Schlüsselsymbol für die römische Herrschaft im heutigen Deutschland. Seit mindestens 900 Jahren unter dem Namen Porta Nigra bekannt, wurde sie 1986 in die UNESCO-Welterbeliste aufgenommen. Bei der interaktiven Tour *Das Geheimnis der Porta Nigra* führt ein römischer Zenturio durch das Monument und gibt Einblicke in das Leben in römischer Zeit.

↗ Die Römerbrücke, älteste Brücke des Landes, überspannt die Mosel seit fast 1900 Jahren.
↓ Imposantes Zeugnis römischer Baukunst und Wahrzeichen der Stadt: die Porta Nigra

Von der Porta Nigra zum Wildgehege

Von der historischen Porta Nigra den Spuren der alten Stadtmauer bis zur Merianstraße folgend, gelangt man schnell aus der Altstadt heraus. Über die majestätische Kaiser-Wilhelm-Brücke erreicht man die andere Seite des Moselufers. Rechts ein Stück den Berg hinauf erreicht man über eine Treppe den Stadtwald. Nach insgesamt 2,3 Kilometer ist das **Wildgehege** im Naherholungsgebiet Weisshauswald erreicht. Das frei zugängliche Gelände beherbergt Rotwild, Schwarzwild, Damwild und Muffelwild in großzügigen Gehegen.

Brot und Spiele

Vor etwa 1700 Jahren bot das Trierer Amphitheater wohl ein intensives Erlebnis mit dem Raunen der Zuschauer, dem Geruch von Angst und Schweiß und mit aufgewirbeltem Staub. Heute muss die Vorstellungskraft das imposante Bauwerk zum Leben erwecken, in dem einst Besucher Theatervorführungen, Tierkämpfe und Gladiatorenspiele erlebten.

NACHMITTAG

In vino veritas

Oberhalb des Amphitheaters beginnt idyllisch im Weinberg gelegen ein **Weinlehrpfad** über rund 1,6 Kilometer. Dabei lernt man nicht nur Wissenswertes über die angebauten Rebsorten und den charakteristischen Devonschiefer der Moselregion, sondern erhält auch Einblicke in die Arbeit im Weinberg, verschiedene Anbaumethoden, die Traubenlese und den Weinausbau. Der Pfad ist kostenfrei begehbar und bietet herrliche Aussichten auf die Weinreben, das Olewiger Tal und die Trierer Innenstadt. Nach dem etwa einstündigen Spaziergang laden die Weinstuben in Olewig zu einer Weinverkostung ein.

ABEND

Abendliches Trier

Des Nachts entfaltet Trier einen ganz eigenen Charme: der Widerhall von Schritten auf dem Kopfsteinpflaster, die Stille der dunklen Schaufenster und die stimmungsvoll beleuchteten Bauwerke, die sich eindrucksvoll gegen den Nachthimmel abzeichnen. Wenn die Dämmerung hereinbricht, zeigt sich die Stadt von einer anderen, faszinierenden Seite. Dies ist die perfekte Zeit, um bei einer **Stadtführung** in die Geschichten über die Stadt einzutauchen.

Spiele, Speisen, Spaß

Lust auf eine Runde Bowling? Im **Bowling Room** in Trier gibt es sogar noch viel mehr als das: Auch Lasertag, Billards, Darts und Arcade-Spiele sind im Angebot. Da bleiben keine Spielewünsche offen. Fürs leibliche Wohl wird in Form von saftigen Burgern und anderen leckeren Speisen gesorgt.

HOCH ÜBER TRIER

Die **Villa Weißhaus**, erbaut im Jahr 1823, ist ein markantes Wahrzeichen Triers und thront majestätisch auf hohen Sandsteinfelsen über der Stadt. Sie ist bereits aus der Ferne ein beeindruckender Anblick. Der Fels lädt mit Panoramablick über Trier zum Genießen in einem Café, Biergarten und Restaurant ein.

MIT MOSELBLICK SPEISEN

Direkt am Flussufer und in der Nähe des Schiffsanlegers liegt das traditionsreiche Ausflugslokal **Gasthaus Mosellied**, das mit viel Liebe zum Detail renoviert wurde und eine sonnige Terrasse mit Blick über die Mosel und zum Trierer Stadtwald bietet. Ob Schnitzel, Steak, Fisch oder doch eine vegetarische Option ... hier gibt es, was das hungrige Herz begehrt.

Tag 2

MORGEN

Einmal um den Stausee

Der Stausee Bitburg in Biersdorf im malerischen Prümtal ist ein Anziehungspunkt der Südeifel. Hier kann man gemütlich Tretbootfahren, Rudern und Paddeln. Eine Fontäne ziert den See im Sommer und eine fünf Kilometer lange Uferpromenade sowie ein Rundweg mit den Bäumen des Jahres laden zum Spaziergang ein.

Erholung pur

Den letzten Tag des Wochenendtrips kann man ruhig mit einer Auszeit im **CASCADE** beginnen und in einer einladenden und heimeligen Atmosphäre entspannen. Ein ausgiebiger Saunagang wirkt nicht nur wohltuend, sondern auch gesundheitsfördernd. Die Saunawelt hält für erfahrene Saunagänger und Neulinge viele unterschiedlich temperierte Saunen und Dampfbäder bereit. Mit Highlights wie der großen Premiumsauna inklusive eines exklusiven 0,0%-Bitburger-Aufgusses heißt es: Alltagsstress ade.

NACHMITTAG

An der Römischen Straße

Die **Villa Otrang** ist eine römische Villa rustica. Mit über 3600 Quadratmetern gehört ihr Herrenhaus zu den größten und besterhaltenen nördlich der Alpen und der Gutshof umfasst etwa 50 000 Quadratmeter. Die Villa liegt in der Nähe wichtiger historischer Wege wie der Römerstraße zwischen Trier und Köln und ist berühmt für ihre prunkvollen Mosaikfußböden. Von den ehemals 14 mit Mosaiken geschmückten Räumen sind vier nahezu perfekt erhalten.

Ein Bier zum Abschied

Die über 200 Jahre alte **Familienbrauerei Bitburger** hat sich zu einem der berühmtesten deutschen Biere gemausert. In seiner Heimatstadt wartet eine Erlebniswelt, in der man einen Blick hinter die Kulissen werfen und mehr über die Geschichte der Brauerei sowie die Kunst des Bierbrauens erfahren kann. Bei einer Tour im historischen Standort der Brauerei, der sich über 1700 Quadratmeter erstreckt, kann man am Ende in der Bit-Lounge verschiedene Biere kosten.

↑ Erfrischung nach der Wanderung? Mit Blick über den Stausee in Ferdi's Bootshaus
→ Über Wein lernen oder Ausblick genießen? Auf dem Petrisberg geht beides!

IN BITBURG

In den gemütlich-eleganten **Bit-Stuben** warten eine urige Kutscherstube mit Sommerterrasse, eine Bierstube und ein Café-Restaurant. Die Eifeler Küche überzeugt mit saisonalen Wildgerichten, frischem Bitburger vom Fass sowie hausgemachten Kuchen und Torten.

SEEBLICK

Direkt am Ufer des Bitburger Stausees liegt **Ferdi's Bootshaus** und begeistert mit einem herrlichen Blick über das Wasser. Hier kann man abschalten und bei einem kühlen Getränk oder Snack den Ausblick genießen. Dank des beheizten Wintergartens mit einem gemütlichen Ofen kann man sich hier auch in der kalten Jahreszeit verwöhnen lassen.

19 Wein und Wasserspiele in Wiesbaden und im Rheingau

48 Stunden pure Eleganz vermischt mit Genuss: Wiesbaden punktet mit Parks und Boutiquen und der zauberhafte Rheingau mit seinen Weinbergen und Schlössern, die ein unvergessliches Wochenende voller Charme versprechen.

Die hessische Landeshauptstadt Wiesbaden empfängt ihre Besucher mit einer Mischung aus historischer Pracht und zeitgenössischer Eleganz. Der Kurpark mit den duftenden Blumenbeeten und majestätischen Kolonnaden lädt dabei zu entspannten Spaziergängen ein. Direkt am Kurpark erhebt sich das historische Kurhaus, wo die Zeit vor rund 200 Jahren stehengeblieben zu sein scheint. Es ist eines der prachtvollsten Gebäude Deutschlands und das gesellschaftliche Zentrum der Stadt. Als Kurort ist Wiesbaden zudem schon seit langer Zeit bekannt: Bereits die Römer wussten um die hiesigen Thermalquellen.

Auch die Wilhelmstraße, gesäumt von exklusiven Boutiquen und Cafés, lockt mit dem Flair vergangener Tage. Hier schlägt das Herz der Stadt, in dem Tradition und Moderne Hand in Hand gehen. Herrliche Villen und Palais sorgen schon mal für offen stehende Münder, während moderne Galerien und kulturelle Hotspots die Stadt mit Leben erfüllen.

Um dem Trubel der Stadt zu entfliehen, muss man nicht weit fahren. Der angrenzende Rheingau ist von sanften Hügeln und scheinbar endlosen Weinbergen geprägt. Die malerischen Dörfer, wie Rüdesheim am Rhein, Eltville oder Oestrich-Winkel, laden dazu ein, durch die romantischen Gassen zu flanieren und den Blick auf den erhabenen Fluss zu genießen. Vor allem, wenn am frühen Morgen der Nebel über das noch ruhige Wasser wabert, kann die Stimmung mystisch sein. Burgen und Schlösser, darunter das imposante Schloss Johannisberg, thronen über den Reben und verleihen der Landschaft etwas Märchenhaftes.

Hier wird Wein nicht nur produziert, sondern zelebriert. Winzer öffnen ihre Tore, um in die Geheimnisse des Weinbaus einzuführen und edle Tropfen in historischen Kellern zu servieren, wo man das gesellige Miteinander bei traditionellen Weinfesten erleben kann. So wird hier auch der Gaumen verwöhnt.

↗ Das Kurhaus ist nicht nur Wahrzeichen der Stadt, sondern auch Eventlocation mit vielseitiger Nutzung.

Ankunft

ABEND

Los geht's mit Kultur

Das **Hessische Staatstheater** in Wiesbaden ist ein Juwel der kulturellen Szene, das die Eleganz der Stadt perfekt widerspiegelt. Kaiser Wilhelm II. sehnte sich nach einem pompöseren Ort als dem damaligen Hoftheater. So ließ er das Hessische Staatstheater errichten. Kein Wunder, dass es ein architektonisches Meisterwerk geworden ist, das seinesgleichen sucht. Von klassischem Theater über moderne Inszenierungen bis hin zu fesselnden Opern und Ballettaufführungen bietet dieses Theater eine künstlerische Vielfalt, die anspruchsvolle Zuschauer begeistert.

Handy aus, Entspannungsmodus an!

Seit jeher ist Wiesbaden berühmt für seine Thermalquellen, die zu den heißesten in Europa zählen und mehr als 200 000 Jahre alt sind. Ihr hoher Salzgehalt wirkt besonders wohltuend, nicht nur wenn man unter Beschwerden leidet. In diesen Genuss kann man im **Thermalbad Aukammtal** kommen, wo das Wasser mit 32 Grad pure Entspannung bietet, während ein belebendes Eisbad den Kreislauf wagemutiger Besucher richtig in Schwung bringt. Neben dem ganzjährig geöffneten Außenbecken und dem Badebereich im Innenraum gibt es eine umfassende Saunalandschaft mit verschiedenen Innen- und Außensaunen sowie weiteren Highlights.

↑ Besonders nachts ist das Kurhaus ein Hingucker!
↘ Seit 1888 bringt die Nerobergbahn Besucher auf Wiesbadens Hausberg.

Tag 1

VORMITTAG

Auf Altstadt-Tour

Die **Wiesbadener Altstadt** mit ihren prächtigen Fachwerkhäusern und historischen Bauten vermittelt ein einzigartiges Flair. Der malerische Marktplatz, umgeben von gemütlichen Cafés und kleinen Boutiquen, lädt zum Verweilen ein. Das älteste noch erhaltene Bauwerk Wiesbadens ist die Heidenmauer, die noch aus der Zeit der Römer stammt und wohl um 370 n. Chr. erbaut wurde. In wilhelminischer Zeit wurde es zum Bau einer Straße unterbrochen und das sogenannte Römertor hineingebaut. Es ist somit in vieler Hinsicht ein Kulturdenkmal.

Barockes Juwel

An den Ufern des majestätischen Rheins im charmanten Wiesbadener Stadtteil Biebrich erhebt sich das imposante **Biebricher Schloss** – ein Barockschloss, das die Zeit überdauert hat. Was einst als bescheidenes Gartenhäuschen im Jahr 1701 begann, entwickelte sich rasant bis 1703 zu einem prachtvollen Wohnschlösschen. Bis 1841 war dies die prunkvolle Residenz der Fürsten und Herzöge von Nassau, die hier ihre Macht und Eleganz zur Schau stellten. Heutzutage nutzt es die Hessische Landesregierung für repräsentative Anlässe, Tagungen und festliche Veranstaltungen. Es ist ein Ort, der Geschichte atmet und zugleich ein lebendiger Zeuge vergangener Pracht und Gegenwart ist.

NACHMITTAG

Städtische Oase

In den weitläufigen Parks offenbart sich die hinreißende Eleganz der Kurstadt. Bereits im 19. Jahrhundert konnte man bei einer Rudertour auf dem Weiher die üppige Pracht des Kurparks vom Wasser aus bewundern, der direkt mit dem Bau des Kurhauses angelegt wurde. Vom Boot oder Tretboot aus erlebt man den Park aus einer völlig neuen Perspektive.

Wiesbadens schrägstes Ausflugsziel

Die **Nerobergbahn** ist eine historische Standseilbahn, die den Besucher langsam 245 Meter nach oben auf den Neroberg schweben lässt. Sie bietet dabei nicht nur einen bequemen Aufstieg, sondern auch einen wunderschönen Blick über die Dächer der Stadt. Der Neroberg wird seit 1851 vom Neroberg-Tempel gekrönt, der sich majestätisch präsentiert und vor allem zu Sonnenauf- und -untergang wunderschön ist, während sich die Silhouette Wiesbadens am Horizont erstreckt.

ABEND

Zeit für die Abendgarderobe

Bei Glanz und Glamour kann man in der weltbekannten **Spielbank** in Wiesbaden in einem der schönsten Spielsäle Europas sein Glück auf die Probe stellen. Umgeben von einer eleganten Atmosphäre und der aufregenden Spannung des Spiels, taucht man hier bei Roulette, Black Jack und Co. in eine völlig andere Welt ein, die bereits Fjodor Dostojewski in ihren Bann gezogen hat. Nach seiner Zeit in der Wiesbadener Spielbank schrieb er sein Werk *Der Spieler*.

Auf Kufen übers Eis

Die **Henkell-Kunsteisbahn** bietet ein winterliches Vergnügen im Herzen von Wiesbaden. Sie lädt Eisbegeisterte dazu ein, auf ihrer 1800 Quadratmeter großen Fläche schnelle Runden zu drehen. Die Eisbahn, benannt nach dem ehemaligen Chef der Henkell-Sektkellerei, wurde am 23. Dezember 1972 eröffnet und ist Wiesbadens einzige Wintersportstätte. Wer nun denkt, dass man hier nur im Winter Spaß haben kann, irrt: Im Sommer wird die Anlage als Rollschuhbahn genutzt.

EIN STÜCK ITALIEN IN WIESBADEN

Im **Si** in der Gründerzeitvilla vis-à-vis zum Kurhaus ist Italien in jedem Bissen und Schluck erlebbar. Das Ristorante steht für drei Generationen Leidenschaft, Qualität und Gastfreundschaft. Von handverlesenen Zutaten bis zu erlesenen Weinen – jedes Detail ist sorgfältig ausgewählt. Mittags gibt es Lunch-Angebote.

IN EINEM VON WIESBADENS WAHRZEICHEN

Das **Opelbad-Restaurant** im Bauhausstil bietet Genuss in ruhiger und entspannter Atmosphäre, die sich inmitten der sonnenverwöhnten Weinberge entfaltet. Von hier aus genießt man einen herrlichen Blick über die Stadt bis zur Rheinebene und den ersten Ausläufern des Taunus.

Tag 2

VORMITTAG

Zu Besuch bei Germania

Malerische Pfade schlängeln sich durch dichte Wälder und über offene Wiesen. Der **Niederwald** offenbart atemberaubende Ausblicke auf die umliegenden Weinberge des Rheingaus und den majestätischen Rhein mit Rheinhessen auf der anderen Seite des Ufers. Die Highlights sind der Niederwaldtempel, eine Art Pavillon mit dorischen Säulen, und das Niederwalddenkmal, eine 38 Meter hohe Statue der Germania. Mit der Heiligen Römischen Krone in der rechten Hand und dem kaiserlichen Schwert in der linken soll sie an die Einigung Deutschlands nach dem französisch-preußischen Krieg erinnern.

Zur Loreley

Das UNESCO-Welterbe Mittelrheintal erkundet man am besten mit dem Schiff. Dabei kann man aus verschiedenen Touren wählen. Eine von ihnen ist die Loreley-Fahrt, die von Rüdesheim über Bingen und Assmannshausen bis St. Goar und St. Goarshausen zur Loreley führt. In dem Tal, durch das man fährt, findet man die höchste Burgendichte der Welt!

NACHMITTAG

Ehrwürdige Hallen

Das **Kloster Eberbach** ist ein ehemaliges Zisterzienserkloster mit einer imposanten Klosteranlage. Es liegt malerisch in den Weinbergen des Rheingaus. Die gotischen Gebäude, umgeben von stillen Innenhöfen und sorgfältig gepflegten Gärten, erzählen von einer jahrhundertealten spirituellen Tradition.

Besucher können durch die ehrwürdigen Klosterhallen wandeln, in denen einst Mönche im stillen Gebet verweilten. Außerdem sind die Innenräume der Schauplatz der Verfilmung von Umberto Ecos Buch *Der Name der Rose*.

Wellness meets Rhein-Romantik

Im **Nägler's Fine Lounge Hotel** in Oestrich-Winkel erlebt man Rhein-Romantik in ihrer schönsten Form. Das erstklassige Hotel mit Day-Spa- und Wellnessbereich erwartet seine Gäste mit finnischer Sauna, Biosauna, Dampfbad, Infrarotkabine, Tauchbecken und Ruheraum. Wenn das mal nicht pure Entspannung verspricht! Wer noch eine Wellnessbehandlung draufsetzen möchte, kann im Anschluss auf gemütlichen Couches, Betten oder Schaukeln im Wohlfühlbereich entspannen.

↑ Die Germania-Statue stolz über dem Rheintal erinnert an die Einheit Deutschlands.
→ Das malerische Mittelrheintal ist eine faszinierende Kulturlandschaft und UNESCO-Welterbe.

KULINARIK AUF DER BURG

In romantischer Atmosphäre kann in den historischen Gemäuern der **Burg Schwarzenstein** mit Blick auf den Weinberg und ins Rheintal gespeist werden. Regionalität spielt hier eine besondere Rolle, während der Gaumen verwöhnt wird. Die Kräuter kommen aus dem hoteleigenen Garten und der Riesling von Winzern im Rheingau.

RESTAURANT MIT DENKMALSCHUTZ

In Eltville kann man seinen Gaumen in einer historischen kleinen Lager-, Warte- und Schalterhalle für den Personenschiffsverkehr verwöhnen, die 2009 aufwendig restauriert wurde und heute unter Denkmalschutz steht. Sie erstrahlt als einzigartiges Ausflugslokal **Anleger 511** direkt am Rhein.

20 Von Gutenberg bis Strand in Mainz und Rheinhessen

48 Stunden zwischen historischen Gassen und sanften Weinbergen warten bei einem Ausflug nach Mainz und Rheinhessen. Auf dem Programm stehen antike Straßen und erlesene Weine.

Mainz, die bezaubernde Landeshauptstadt von Rheinland-Pfalz, ist ein Schatz am Rhein. Berühmt für den beeindruckenden Dom, ein Meisterwerk der romanischen Architektur, die lebendige Altstadt und die Erfindung des Buchdrucks, ist Mainz trotz der 2000-jährigen Geschichte eine moderne und junggebliebene Stadt. Dies mag auch mit der Universität zusammenhängen, die bereits seit dem Mittelalter – mit einer etwas mehr als 100-jährigen Pause im 19. und 20. Jahrhundert – Studierende aus dem ganzen Land und über Grenzen hinweg anzieht.

Mainz ist auch die Heimat des Gutenberg-Museums, das dem Erfinder des Buchdrucks, Johannes Gutenberg, gewidmet ist. Hier kann man in die Geschichte des Druckens mit beweglichen Lettern eintauchen und sogar eine der wenigen erhaltenen Gutenberg-Bibeln bestaunen.

Kulturell hat Mainz ebenfalls viel zu bieten: von lebhaften Festen wie dem Mainzer Karneval, einem der größten Karnevalsfeste Deutschlands, bis hin zu hochkarätigen kulturellen Veranstaltungen in der Mainzer Staatsoper oder dem Staatstheater.

Mit der Bahn gelangt man ganz einfach von Mainz nach Rheinhessen, wo man den Trubel der Großstadt für eine Weile hinter sich lassen kann. Neben herrlicher Natur mit einer Mischung aus Wäldern, Auen und Weinbergen warten schnuckelige Altstädte darauf, erkundet zu werden. Bei einer Wanderung durch die Rheinauen, entlang des Binger Kulturufers oder auf dem Altrhein-Erlebnispfad kann man wunderbar abschalten.

Rheinhessen ist zudem eine verlockende Weinregion, die größte in Deutschland, um genau zu sein. Daher wird man entlang der Wege durchaus mal auf idyllischen Weingütern herzlich empfangen. Auch wer zwischendurch eine wohltuende Pause einlegen möchte, hat in Rheinhessen einige Optionen. So zum Beispiel im Papa Rhein, wo man die entspannende Atmosphäre direkt am Flussufer genießen kann.

↗ Die Blütenpracht in der Kaiserstraße mit der Evangelischen Christuskirche im Hintergrund ist ein Bote des Frühlings …

Ankunft

ABEND

Mit Schwung ins Wochenende

Der Wochenendtrip beginnt mit einem Hauch von Magie auf dem **Schwarzlicht-Minigolfplatz**. Zwischen den fluoreszierenden Farben und kniffligen Bahnen vergeht die Zeit wie im Fluge. Pluspunkt: Da dies ein Indoor-Minigolfplatz ist, kann man hier den Golfschläger bei jedem Wetter das ganze Jahr über schwingen.

Am Rheinstrand den Abend genießen

Einfach mit den Füßen im Sand und Blick über den beeindruckenden Rhein den Tag ausklingen lassen. Klingt gut? Das geht von Mai bis September am **Mainzstrand** direkt an der Theodor-Heuss-Brücke. Bei kühlen Getränken und Snacks sowie mit chilliger Lounge-Musik im Hintergrund beginnt der Wochenendtrip mit echtem Urlaubsfeeling und ganz entspannt. Regelmäßige Events und Livemusik am Mainzstrand sorgen für eine lebendige Atmosphäre.

Tag 1

VORMITTAG

Morgendliche Idylle

Beim morgendlichen **Spaziergang entlang der Uferpromenade** bietet sich die Gelegenheit, den eleganten Schwänen zuzuschauen, wie sie geschmeidig über das Wasser gleiten, den Schiffen, wie sie zielstrebig den Rhein auf und ab fahren, oder der Stadt, wie sie langsam aus ihrem Schlaf erwacht. Ein besonderer Moment, der sich lohnt, festgehalten zu werden – daher darf die Kamera nicht eingepackt werden.

Auf Gutenbergs Spuren

Es ist wie eine Reise durch die Geschichte des gedruckten Wortes. Hier, wo Johannes Gutenberg einst die bahnbrechende Technik des Buchdrucks erfand, können in der Ausstellung des Gutenberg-Museums historische Druckmaschinen und Originaldrucke aus Gutenbergs Zeit begutachtet werden. Daneben erfährt man alles über die kulturelle Bedeutung des gedruckten Wortes.

NACHMITTAG

Altstadtbummel

Wer sich danach etwas bewegen möchte, kann sich auf einen Bummel durch die charmante **Altstadt** von Mainz begeben. Historische Gebäude, gemütliche Cafés und malerische Plätze, die die Geschichte lebendig werden lassen, zeichnen diesen Teil der Stadt aus, in dem jeder für sich nach Lust und Laune den Schwerpunkt legen kann: mehr Shopping oder doch lieber Kultur? Hier ist beides möglich.

Eine kulinarische Radwanderung

Für all jene, die gerne aktiv sind und gleichzeitig in die kulinarische Welt der Umgebung eintauchen möchten, bietet sich **Wine & Bike** an. Dies ist eine einzigartige Gelegenheit, die Umgebung auf dem Fahrrad zu erkunden und dabei köstliche Weine zwischen Mainz, Kostheim und Hochheim zu kosten. Die Tour dauert etwa drei Stunden, führt über drei Brücken und zum Weingut Bacchus, das mitten in einem Weinberg liegt.

ABEND

Kulturgenuss pur

Das **Staatstheater Mainz** zeugt von der reichen Kulturszene der Stadt und verspricht ein unvergess-

↗ Die Mainzelmännchen-Ampel geleitet Fußgänger mit einem Lächeln über die Straße.
↓ Der Dativius-Victor-Bogen ist eines der wichtigsten römischen Monumente Deutschlands.

liches künstlerisches Erlebnis. Die historische Spielstätte mit ihrer beeindruckenden Architektur bietet den perfekten Rahmen für ein breites Spektrum an Aufführungen – von klassischen Dramen über zeitgenössische Inszenierungen bis hin zu mitreißenden Opern und Ballettaufführungen. So beginnt das Wochenende mit Kunst und Kultur.

Ein actionreicher Tagesausklang

Die **Lasertag-Halle** in Mainz verspricht ein aufregendes und actionreiches Erlebnis für alle, die nach einer spannenden Abendgestaltung suchen. Beim Betreten der Halle taucht man in eine futuristische Welt ein, die von Neonlichtern, Dunkelheit und einem pulsierenden Adrenalinrausch geprägt ist. Die Besucher erwartet ein intensives und packendes Spielerlebnis, bei dem Strategie und Teamarbeit gefragt sind. Die Türme sind voll begehbar und sowohl Westen als auch Phaser sind mit Infoscreens ausgestattet.

APOSTO

Zentral am Gutenberg-Platz in der Mainzer Altstadt gelegen, bietet das **Aposto** italienische Küche mit stets neuen Kreationen. Zum Mittagstisch gibt es Sonderangebote. Ob Vegetarier oder Karnivor ... hier kommen alle auf ihre Kosten.

BELLPEPPER

Mit Blick auf den Rhein ermöglicht das Gourmet-Restaurant **Bellpepper** in Mainz ein einzigartiges kulinarisches Erlebnis. Das moderne, warme Ambiente und die offene Showküche schaffen den perfekten Rahmen für innovative Schöpfungen, die direkt vor den Gästen entstehen. Das Bellpepper zeichnet sich durch kulinarische Höhepunkte aus regionalen und internationalen Küchen mit Fokus auf hochwertigen, frischen Zutaten aus.

Tag 2

VORMITTAG

Wanderung durch die Rheinauen

Für einen erholsamen Start in den Tag empfiehlt sich eine Wanderung durch die **Rheinauen**. Die grüne Oase bietet eine wohltuende Flucht aus dem städtischen Trubel. Am Wasser entlang durchs Grün laufen, Wasservögel und ihre gefiederten Artgenossen beobachten – je nach Jahreszeit kann man Störche sehen – und sich einfach treiben lassen …

Mittelmeer-Feeling

Der von Einheimischen als Badewanne Rheinhessens bezeichnete **Altrheinsee** ist ein wahres Kleinod. Früher war er eine Sand- und Kiesgrube, aber 2018 renaturiert und mit einer großen Sandfläche ausgestattet, ist der Altrheinsee heute ein Rückzugsort mit Urlaubsfeeling. Wer nicht nur faul in der Sonne liegen, sondern sich auch etwas bewegen möchte, kann den ca. sechs Kilometer langen Altrheinpfad laufen, der direkt am See entlangführt.

NACHMITTAG

Kultureller Spaziergang

Das malerische **Binger Kulturufer** lädt ein zu einem entspannten Spaziergang mit Blick in den Rheingau, der auf der anderen Rheinseite liegt, und auf den Niederwald mit der berühmten Germaniastatue. Kunst, Geschichte und Natur verschmelzen in dieser reizvollen Umgebung zu einem harmonischen Ensemble.

Wellness im Papa Rhein

Für einen wohltuenden Abschluss des Trips empfiehlt sich das **Papa Rhein Hotel & Spa**, wo man die entspannende Atmosphäre am Ufer des Flusses genießen kann. Der Tagespass macht's möglich! Im Day Spa enthalten sind Saunen, Dampfbäder und natürlich der Pool. So kann man eine Runde Wellness genießen, bevor es zurück in den Alltag geht.

→ Am Binger Kulturufer mit Blick in den Rheingau und auf die Germania schlendern …
↓ Von der Burg Klopp genießt man das liebliche Panorama des Rheintals.

RIVERSIDE

Das Restaurant **Riverside** liegt direkt am Rheinufer in Bingen. Mit Lounge und großer Terrasse am Fluss kann man nicht nur das mediterrane Essen genießen, sondern auch den Blick auf die vorbeifahrenden Schiffe, die zu Touren durchs Mittelrheintal einladen, als dessen Tor Bingen gilt. Sonntags auch zur Mittagszeit geöffnet.

PETER & SILIE

Im Restaurant **PETER & Silie** in Ingelheim am Rhein gibt es kreative deutsche Küche mit internationalem Einfluss. Das Licht der Kristallüster schafft in dem Raum mit den Steinwänden ein warmes Ambiente. Sonntags geschlossen.

21 Skyline- & Burgromantik in Frankfurt und im Taunus

Frankfurt lockt nicht nur mit der Skyline, der die Stadt den Beinamen *Mainhattan* verdankt. Auch die Nähe zum Taunus mit den weitläufigen Wäldern, romantischen Altstädten und mittelalterlichen Burgen macht Frankfurt zu einem idealen Ausflugsziel!

Die Bankentürme ragen majestätisch in die Höhe, während sich historische Fachwerkhäuser am Ufer des Mains aneinanderreihen. Die Altstadt von Frankfurt ist umgeben von modernen Wolkenkratzern. So wird Frankfurt zur Stadt der Gegensätze. Der zentrale Marktplatz mit dem Rathaus, genannt Römer, wird von bunten Fachwerkhäusern gesäumt. Dies ist das schlagende Herz der Stadt mit hübschen Cafés und Restaurants. Das Museumsufer zeugt von der reichen Kulturszene Frankfurts, die man beim Flanieren entlang des Mains mit nicht weniger als 39 Museen entdecken kann.
Auch die imposante Skyline will bewundert werden. Und wer nach einer grünen Oase sucht, findet im Palmengarten mit seinen exotischen Pflanzen und Gewächshäusern ein wahres Paradies.
Um sich dem Trubel der Stadt zu entziehen, wartet der nahe gelegene Taunus. Er liegt westlich von Frankfurt und zeichnet sich durch sanfte Hügel, dichte Wälder und idyllische Dörfer aus, die sowohl mit öffentlichen Verkehrsmitteln oder dem Fahrrad als auch mit dem eigenen Auto gut zu erreichen sind. Mit 881 Metern ist der Feldberg der höchste Gipfel des Taunus, der nicht nur eine beeindruckende Aussicht, sondern auch zahlreiche Wanderwege bietet. Im Sommer lockt er mit grünen Wiesen, im Winter mit der Möglichkeit, durchs Winterwunderland zu wandern. Einen Kontrast dazu bilden die Dörfer im Taunus mit ihren Fachwerkhäusern, historischen Kirchen und gemütlichen Gasthöfen. Ein Spaziergang durch die romantischen Altstädte ist wie eine Reise in die Vergangenheit. Für Tierliebhaber ist ein Besuch im Opel-Zoo ein Muss. Er beherbergt exotische wie heimische Tiere in naturnah gestalteten Gehegen. Frankfurt und der Taunus bilden ein harmonisches Duo aus urbanem Flair und natürlicher Schönheit. In dieser Region verschmelzen die Kontraste zu einem unvergesslichen Erlebnis, das Stadtmenschen und Naturliebhaber gleichermaßen begeistert.

↗ Die imposanten Hochhäuser von Frankfurt, die die beeindruckende Skyline formen, wirken beim Blick nach oben schwindelerregend.

Ankunft

ABEND

Genuss am südlichen Mainufer

Sachsenhausen ist ein charmantes Viertel voller Geschichte, das gleichzeitig ein Mekka für Foodies ist. Die traditionelle Apfelweinkultur, die Vielfalt der Restaurants und die lokalen Märkte machen diesen Stadtteil zu einem unverzichtbaren Ziel für alle, die die kulinarische Seite von Frankfurt erleben möchten. Der Apfelwein, auf Hessisch liebevoll Ebbelwoi genannt, ist das Herzstück der hiesigen Getränkekultur und wird zumeist von deftigen Speisen wie Handkäs mit Musik oder Grüner Soße begleitet.

Der Musik lauschen

Die **Alte Oper** kann einen schon in ihren Bann ziehen. Prächtige Säle, verzierte Decken und kunstvolle Details schaffen eine einzigartige Atmosphäre. Die restaurierte Fassade, die nach der Zerstörung im Zweiten Weltkrieg wiederhergestellt wurde, verleiht dem Gebäude eine zeitlose Schönheit und setzt mit ihrem Schriftzug das Motto für Frankfurt: dem Wahren, Schönen, Guten. Der Höhepunkt des Besuchs ist gewiss der Konzertsaal. Mit seiner exzellenten Akustik und dem opulenten Ambiente bietet er den idealen Rahmen für musikalische Darbietungen jeglicher Art. Ob Oper, Konzert oder Musical … ein Abend in der Alten Oper gehört einfach dazu.

Tag 1

VORMITTAG

Den Markttrubel erleben

Lebendig, wuselig und einladend. So ist die **Frankfurter Kleinmarkthalle**. Zwischen den Ständen herrscht ein reger Austausch zwischen Einheimischen, Touristen und den leidenschaftlichen Händlern. Hier kommt man nicht nur zum Einkaufen her, sondern auch um das gesellige Beisammensein zu zelebrieren und sich von der Energie des Marktlebens mitreißen zu lassen, während man die Vielfalt der Kulinarik mit allen Sinnen genießen kann. Bereit zum Bummeln, Schlemmen und Plaudern?

Radeln und Kultur verbinden

Einfach mal entspannt den Main entlangfahren … Theoretisch kann man das über insgesamt knapp 600 Kilometer. Denn so lang ist der **Mainradweg**. Auf dem Abschnitt, der durch Mainhattan führt, eröffnen sich spektakuläre Ausblicke auf die modernen Wolkenkratzer. Rund um das Museumsufer und den Westhafen kommen daher auch Fotoliebhaber auf ihre Kosten. Zwischen der Friedensbrücke und der Alten Brücke befindet sich zu beiden Seiten des Flusses außerdem das Museumsufer, das Kulturbegeisterte mit 39 Museen empfängt.

NACHMITTAG

Geselligkeit auf Schienen

Der **Ebbelwei-Express** ist wahrhaftig ein rollendes Stück Frankfurter Tradition. Die liebevoll restaurierte Straßenbahn aus den 1950er-Jahren nimmt die Passagiere seit 1077 mit auf eine Reise durch die Stadt. Mit ihrem charmanten Interieur und den hölzernen Bänken versprüht sie Nostalgie und urige Gemütlichkeit. Was wäre der Ebbelwei-Express ohne das beliebte Frankfurter Getränk, das ihm seinen Namen verlieh? Daher gibt es während der Fahrt das Traditionsgetränk aus dem typischen Glas: dem Gerippten.

↑ Entlang des Mainufers ergeben sich zahlreiche kreative Foto-Gelegenheiten.
↙ Das Eurozeichen vor der ehemaligen EZB steht dort seit der Einführung des Euro.

Botanische Weltreise

Ein Besuch im **Palmengarten Frankfurt** ist eine Reise rund um den Globus durch die faszinierende Welt der Pflanzen. Gleichzeitig ist er eine Oase der Ruhe und Schönheit im pulsierenden Herzen der Großstadt. Dieser botanische Garten zählt zu den größten in Deutschland und begeistert Besucher mit einer beeindruckenden Vielfalt an Flora aus aller Welt. Außerdem bietet er die perfekte Möglichkeit, dem städtischen Trubel zu entkommen.

ABEND

Sonnenuntergang über dem Taunus

Dann ist es Zeit, die Stadt hinter sich zu lassen und den nahe gelegenen Gebirgszug des Taunus zu entdecken. Wenn die Sonne langsam hinter den majestätischen Gipfeln des Naturparks versinkt, taucht sie die Landschaft nicht selten in warmes, goldenes Licht und zaubert ein atemberaubendes Farbenspiel an den Himmel. Vom höchsten Gipfel, dem **Feldberg**, erstreckt sich der Blick über sanfte Hügel und dichte Wälder, die in der untergehenden Sonne schimmern.

AMERICAN VIBES

New Yorker Flair in Mainhattan ... Passt ja auch gut zusammen! Das **10012**, ausgesprochen *ten-oh-twelve*, im Herzen Frankfurts steht ganz im Zeichen von Big Apple meets Frankfurt. Inspiriert von SoHo und Tribeca, hat das Restaurant eine weltoffene Küche und überwiegend lokale und saisonale Zutaten.

ESSEN AM SCHAUMAINKAI

Ob zum Mittag- oder Abendessen ... das **Emma Metzler** am Schaumainkai bietet mit seiner Neo-Bistro-Küche kleine und große Gerichte mit hohem Anspruch an den Service, die Kochkunst und die Qualität der Produkte. Nachhaltigkeit und Regionalität stehen dabei stets im Mittelpunkt.

Auf zum Kaisertempel!

Der **Kaisertempel** steht auf einem Felsvorsprung auf einem westlichen Hang des Staufen in Eppstein. Eingebettet in die malerische Kulisse des Taunus führt ein Pfad hinauf zum klassizistischen Baudenkmal, das Kaiser Wilhelm I. gewidmet und nach ihm benannt ist. Nach dem Aufstieg eröffnet sich eine atemberaubende Aussicht auf die umliegenden Hügel und das idyllische Eppstein mit der mittelalterlichen Burg in seiner Mitte.

Tag 2

VORMITTAG

Zwischen Naturglück und Mittelalterflair

Der **Drei-Burgen-Weg** verbindet drei beeindruckende Burgruinen: die Burg Königstein, die Burg Falkenstein und die Burg Kronberg. Während der Wanderung tun sich immer wieder spektakuläre Ausblicke auf den Taunus und sogar bis nach Frankfurt auf. So wird die Wanderung zur perfekten Mischung aus Natur und Kultur. Außerdem durchquert man dabei die Altstädte von Königstein und Kronberg. Somit fühlt man sich zwischenzeitlich, als wäre man nicht nur durch den Raum, sondern auch durch die Zeit gewandert. Am Ende des Weges wartet der Philosophenweg, der durch den Opel-Zoo hindurchführt (die Passage kostet einen kleinen Obolus).

Ein tierisches Vergnügen

Ein Besuch im **Opel-Zoo** verspricht ein faszinierendes Abenteuer für Klein und Groß und eine einzigartige Begegnung mit Tieren aus aller Welt. Dieser weitläufige Zoo in Kronberg im Taunus ist nicht nur ein Refugium für bedrohte Tierarten, sondern auch ein Ort, an dem Besucher eine enge Verbindung zur Tierwelt aufbauen können. Das besondere Highlight des Opel-Zoos ist die Möglichkeit, die Tiere in naturnah gestalteten Gehegen zu erleben, die ihren natürlichen Lebensräumen nachempfunden sind. Der Opel-Zoo ist somit nicht nur ein Ort des Staunens, sondern auch des Lernens und der Wertschätzung für die faszinierende Vielfalt unserer tierischen Mitbewohner.

NACHMITTAG

Ausflug in die Wohlfühloase

Wer seinen Gliedern etwas Erholung schenken möchte, sollte einen Besuch in der **Taunus Therme** einplanen. Dieses Wellnessparadies befindet sich in Bad Homburg und bietet neben Thermalbädern auch eine exotische Sauna- und Spa-Landschaft. Besonders schön ist dabei die Gestaltung der Therme, die asiatisch inspiriert ist. Von außen gleicht sie einem riesigen asiatischen Tempel. Dieses Leitmotiv zieht sich durch die gesamte Bade- und Wellnesswelt. So fühlt sich der Besuch in der Taunus Therme gleich doppelt nach Urlaub an. Also unbedingt Badesachen einpacken!

Altstadtbummel durch Kronberg

Enge Gassen, gesäumt von historischen Fachwerkhäusern und kopfsteingepflasterten Straßen, verleihen Kronberg einen ganz besonderen Charme. Der Marktplatz mit seinem mittelalterlichen Brunnen bildet das Herzstück der Altstadt und lädt zum Verweilen in den umliegenden Cafés und Geschäften ein. Charmante Läden und Boutiquen runden den Bummel ab. Für das kulturelle i-Tüpfelchen kann man auch die Kronberger Burg besuchen.

→ Das Afrika-Gehege des Opel-Zoos, das Besucher in die faszinierende Welt der afrikanischen Tierwelt entführt, birgt ein Stück Wildnis.

BLICK NACH AFRIKA

Mit Blick auf Giraffen, Zebras und Co. das Mittagessen genießen? Das Restaurant **Lodge** über dem Afrika-Gehege des Opel-Zoos macht's möglich! Das Steakhaus lädt auf der Terrasse oder im modern gestalteten Innenraum ab 10 Uhr (am Wochenende ab 11 Uhr) zum Essen ein.

HOCH ÜBER EPPSTEIN

Der Kaisertempel ist ein perfektes Ausflugsziel – egal ob im Rahmen einer Wanderung oder um den Sonnenuntergang zu genießen. Aber dank des italienischen Restaurants **Kaisertempel** kann man hier auch mit Blick auf Eppstein zu Mittag oder Abend essen. Die Panoramaterrasse ist dafür besonders gut geeignet.

22 Für Herz und Sinne in Heidelberg und im Neckartal

Lust auf ein bezauberndes Wochenende am Neckar? Von der romantischen Altstadt bis zum Schloss und der Flusslandschaft bietet Heidelberg ein facettenreiches Erlebnis. Und auch der Odenwald ist ganz nah!

Heidelberg liegt malerisch am mäandernden Neckar und zieht seine Besucher mit der romantischen Altstadt und der imposanten Schlossruine in seinen Bann. Die Stadt lebt von der Geschichte und dem Charme der Umgebung. Die Highlights wie die Alte Brücke, der Marktplatz mit dem Herkulesbrunnen oder die Heiliggeistkirche können alleine oder im Rahmen einer Führung erkundet werden. Es gibt auch Thementouren, die die Sehenswürdigkeiten unter bestimmten Aspekten beleuchten.

Während die Altstadt einem Freilichtmuseum gleicht, hat sich aus der altehrwürdigen Universität aus dem 14. Jahrhundert eine moderne Uni entwickelt, sodass sich Heidelberg zur hippen Studentenstadt gemausert hat. Neben der Altstadt ist Heidelberg auch bekannt für die große, einladende Neckarwiese am Ufer des Flusses, die wie ein Treffpunkt für Jung und Alt ist. Sie lädt zu entspannten Spaziergängen ein. Von einem Schiff hingegen kann man eine völlig neue Perspektive auf Heidelberg erhalten.

Zudem liegt Heidelberg an der Burgenstraße, einer der ältesten Ferienstraßen Deutschlands, die sich über fast 800 Kilometer von Mannheim nach Bayreuth schlängelt. Die Gegend ist geprägt von Hügeln, Schluchten und Weinbergen entlang des Neckars und natürlich zahlreichen Burgen und Schlössern, die sich romantisch in die malerische Kulisse einfügen.

Eine der Schluchten ist die Margaretenschlucht, die den höchsten Wasserfall des Odenwalds beherbergt. Ein kurzer Wanderweg über nur vier Kilometer führt vom Bahnhof in Neckargerach dorthin, sodass man das Auto in Heidelberg stehen lassen könnte. Auch für Wasseraktivitäten wie Stand-up-Paddling oder Kanufahren eignet sich der Neckar. Und wer eine der Burgen besuchen möchte, kann zum Beispiel die Burg Hornberg wählen, die der Wohnsitz von Götz von Berlichingen war. So wird das Wochenende in Heidelberg und dem Neckartal zu einem besonderen Ausflug.

↗ Blick ins verträumte Neckartal und auf Heidelberg mit seinem eindrucksvollen Schloss – eine Szenerie wie aus dem Märchenbuch

Ankunft

ABEND

Rundfahrt auf dem Neckar

Eine **Neckarrundfahrt** ist ein zauberhafter Beginn des Wochenendes in Heidelberg, bei dem die Schönheit dieser historischen Stadt aus einer einzigartigen Perspektive erlebt werden kann. Highlights sind das majestätische Heidelberger Schloss, das auf seinem Hügel thront, die historischen Brücken und das idyllische Ufer. Die letzte Fahrt geht um 18 Uhr, sodass man gleich den Sonnenuntergang vom Boot aus bewundern kann.

So ein Theater ...

Das **Theater Heidelberg**, gegründet im Jahr 1853, spielt auf Bühnen wie dem Alten Saal und dem Zwinger 1 und 3 sowie in Außenspielstätten im Stadtraum. Es bietet ein breites Spektrum an Veranstaltungen in den Bereichen Musiktheater, Schauspiel, Tanz, Konzert sowie Kinder- und Jugendtheater. Der Fokus liegt auf zeitgenössischer Dramatik, internationalen Kooperationen und Gastspielen. Es veranstaltet auch Festivals wie die Heidelberger Schlossfestspiele und den Heidelberger Stückemarkt. Die Heidelberger entpuppen sich als Theaterfans und davon profitieren Besucher der Stadt.

Tag 1

VORMITTAG

Altstadtspaziergang und Schloss

Beginnend am belebten Marktplatz mit dem Herkulesbrunnen, auf der einen Seite das alte Rathaus und auf der anderen die Heiliggeistkirche, das Schloss sichtbar auf dem Hügel im Hintergrund, schlendert man bei einem **Altstadtspaziergang** durch verwinkelte Gassen, gesäumt von historischen Fachwerkhäusern und gemütlichen Cafés. Für den Aufstieg zum Schloss gibt es zwei Möglichkeiten: zu Fuß oder mit der Bergbahn. Wie auch immer man sich entscheidet: Oben angekommen wird man mit einem beeindruckenden Panorama über die Stadt und den Neckar belohnt.

Im Botanischen Garten

1593 gegründet, ist der **Botanische Garten** der Universität Heidelberg einer der ältesten weltweit. Auf einer Fläche von drei Hektar erfüllt er vielfältige Aufgaben, darunter Forschung, akademische Ausbildung und Artenschutz. Tropische Orchideen, Bromelien und Sukkulenten können hier bestaunt werden. Die Sammlung gehört zu den artenreichsten in ganz Europa und so ist der Botanische Garten vor allem, aber nicht nur, für Pflanzenfreunde ein echtes Highlight!

NACHMITTAG

Auf dem Philosophenweg

Vom **Philosophenweg** kann man das malerische Panorama über die Altstadt, den Fluss, die Alte Brücke, das Schloss und den majestätischen Königstuhl genießen. Dieser Abschnitt ist bekannt für sein mildes Klima und seine üppige Vegetation, die an die Toskana erinnert. Als eine der wärmsten Stellen Deutschlands wachsen hier zahlreiche exotische Pflanzen und blühen viel früher als im Tal, darunter japanische Wollmispel, amerikanische Zypresse, spanischer Ginster, portugiesische Kirsche, Zitrone, Granatapfel, Bambus, Palmen und Pinien. So ist der Philosophenweg – vor allem im Frühling – ein Fest für alle Sinne.

Die Neckarwiese genießen

Die Neckarwiese in Heidelberg ist ein Raum für Entspannung, Spiel und Sport. Mit fünf Hektar bietet sie Platz für Tausende von Menschen, während man dank der pittoresken Lage am Flussufer die Altstadt und das Schloss bewundern kann. Im Sommer können Tretboote ausgeliehen werden, sodass man die Atmosphäre auch vom Wasser aus genießen kann.

STEAKHOUSE STYLE

Das überdachte Sonnendeck des **Restaurant Bootshaus** sorgt für eine perfekte Aussicht beim Essen – egal wie das Wetter ist. Frisch gezapftes Bier und erlesene Weine gehören hier genauso dazu wie die deftige Küche im Steakhouse Style und mit fangfrischem Fisch, aber auch vielen vegetarischen Optionen.

ESSEN FAST RUND UM DIE UHR

Das **urban kitchen** sorgt täglich von 9 Uhr morgens bis 1 Uhr nachts für das leibliche Wohl von Einwohnern und Besuchern der Stadt. Mit Pizza, Burgern und Thai Currys ist die Auswahl groß und umfasst internationale Gerichte. Mittags gibt es das urban lunch, bei dem sogar ein Softdrink im Preis inklusive ist.

ABEND

Besuch im Filmkunsttheater Gloria & Gloriette

Gloria & Gloriette ist ein Filmkunsttheater in der Altstadt von Heidelberg mit einem vielfältigen Filmangebot aus europäischen Arthouse-Filmen, US-Independent-Movies, aktuellen Dokumentarfilmen sowie anspruchsvollen Kinderfilmen. Das Programm umfasst das ganze Jahr über neben zahlreichen Schul- und Sondervorstellungen auch Filmgespräche mit Filmschaffenden, Regisseuren und Produzenten.

Abendliche Stadtführung

Abends durch Heidelberg zu schlendern hat einen ganz besonderen Reiz. Bei verschiedenen Stadtführungen kann man außerdem noch etwas lernen: Die

↖ Im Herzen der Altstadt strahlt das Rathaus Geschichte und Charme aus.
↓ Der Blick vom Schloss fängt die romantische Schönheit Heidelbergs ein.

Nachtwächterführung entführt zum Beispiel Gruselfans in eine Welt schauriger Geschichten von Hexen, Henkern und blutrünstigen Räubern, die einst im Mittelalter ihr Unwesen in den dunklen Gassen der Stadt trieben.

Tag 2

VORMITTAG

Beim höchsten Wasserfall im Odenwald

Die **Margarethenschlucht** in Neckargerach lockt mit dem Flursbach, der über eine Strecke von 110 Meter immer wieder kleinere Kaskaden bildet – der höchste so entstandene Wasserfall ist zehn Meter hoch. Die schmale Schlucht erstreckt sich durch dichten Wald und bietet Wanderern eine wildromantische Kulisse.

Wie aus dem Bilderbuch

Als wäre sie einem Märchenbuch entsprungen, erhebt sich **Burg Hornberg** über dem Neckar. Sie thront majestätisch auf einem Felsvorsprung über dem malerischen Neckartal bei Neckarzimmern und bietet einen freien Blick in alle Richtungen. Als eine der ältesten Ritterburgen Deutschlands ist sie die größte und am besten erhaltene Burgruine entlang des Neckars. Dies ist dem Umstand zu verdanken, dass sie die Heimat des Götz von Berlichingen war, dem bekanntesten Reichsritter des Spätmittelalters.

NACHMITTAG

Paddelnd übers Wasser

Stand-up-Paddling (SUP) ist der wohl beliebteste Wassersport derzeit. Auch auf dem Neckar kann man mit so einem Board ein einzigartiges Outdoorerlebnis haben. Auf dem ruhigen Wasser des Neckars paddelnd, kann man so die friedvolle Umgebung erkunden und hat gleichzeitig ein effektives Ganzkörpertraining. Wer kein eigenes Board besitzt, kann ganz einfach eines im Odenwald Camp leihen. Hier gibt es auch Kanus und wer noch eine Nacht dranhängen will, kann hier sogar in einem Tipi am Neckar sanft in den Schlaf gleiten.

Die Welt vom Pferderücken aus

Auf dem Pferdehof **Pan Perdu** wartet ein tierisches Vergnügen: Hier kann man den Odenwald vom Rücken eines spanischen oder südfranzösischen Pferdes aus erkunden oder einfach mal in das Leben auf dem Pferdehof hineinschnuppern. So beginnt die Entspannung, sobald man fest im Sattel sitzt – egal ob als Anfänger oder Fortgeschrittener, jung oder alt. Wer Pferde liebt, will hier gar nicht mehr weg!

↖ Stand-up-Paddling – entspannt die ruhige Schönheit des Neckars erleben
→ Auf dem Weg zur Margarethenschlucht kann man einen Blick auf die Neckarschleife erhaschen.

HALLO SONNENTERRASSE!

In Neckarsteinach wartet das Restaurant **Zum Schiff** mit einer idyllischen Sonnenterrasse direkt am Neckar und einer Mischung aus gutbürgerlicher Hausmannskost und exotischer Küche. Selbst gemachte Maultaschen, hausgemachter Odenwälder Kochkäse und die handgemachten Spätzle zeugen von der Leidenschaft der Besitzer.

SICH WIE ZU HAUSE FÜHLEN

Im **Mosbacher Brauhaus** herrscht ein familiäres Ambiente, in dem sich jeder wie zu Hause fühlen kann. Ob im Innenraum oder im großzügigen Biergarten unter der alten Linde: Hier kann man in entspannter Atmosphäre die vielfältigen Bierspezialitäten und die gutbürgerliche Küche genießen.

23 Am idyllischen Untermain in Miltenberg und Churfranken

Eine Welt wie aus dem Bilderbuch mit engen Gassen in der Altstadt, idyllischen Weinbergen und der unvergleichlichen Schönheit des Mains: So präsentiert sich Miltenberg, das malerisches Ziel für ein Wochenende zwischen Stadt und Land ist.

Miltenberg ist eine Stadt, die Geschichte atmet und gleichzeitig im Zauber ihrer malerischen Umgebung verweilt. Am Ufer des majestätischen Mains gelegen, birgt Miltenberg Schätze, die von der faszinierenden Geschichte und einer engen Verbindung zur Natur zeugen. Die Region nennt sich Churfranken und wirbt mit dem Slogan: *Wo der Main am schönsten ist!* Ob das stimmt? Davon muss man sich wohl selbst ein Bild machen.

Die Altstadt von Miltenberg ist wie ein lebendiges Museum, in dem die Jahrhunderte sich in den verwinkelten Gassen und den charmanten Fachwerkhäusern widerspiegeln. Jeder Schritt führt in und durch die Vergangenheit, vom Mittelalter bis zur Renaissance. So wartet in Miltenberg zum Beispiel Deutschlands ältestes Gasthaus. Die Stadtmauer, eine Zeugin aus Zeiten, in denen die Stadt verteidigt werden musste, erzählt stumm von der Bedeutung Miltenbergs als Handelspunkt und seinem Überleben durch die Wirren der Geschichte.

Doch Miltenberg ist nicht nur eine Stadt historischer Gebäude. Sie ist ein lebendiges Zentrum für Kultur und Gemeinschaft. Die zahlreichen Veranstaltungen von traditionellen Festen wie dem größten Volksfest am Untermain, der seit 1367 stattfindenden Michaelismesse, bis hin zu zeitgenössischen Kulturereignissen zeigen, wie hier Traditionen und Lebensfreude verschmelzen.

Die Umgebung Miltenbergs ist geprägt von Hügeln und Weinbergen, die sich entlang des Mains erstrecken. Die Weintradition ist in Churfranken nicht nur ein Handwerk, sondern eine Leidenschaft, die man in jeder Flasche schmecken kann. Der Main selbst ist dabei ein ständiger Begleiter und gleichzeitig die Lebensader Miltenbergs und seiner Umgebung. Die Ufer laden zu ausgedehnten Wanderungen, entspannten Spaziergängen oder Radtouren ein, während die Schifffahrt eine völlig neue Perspektive auf die Region eröffnet.

↗ Das Schnatterloch, Miltenbergs Marktplatz, der von Fachwerkhäusern umgeben ist und seit 1583 einen Brunnen in der Mitte hat

Ankunft

ABEND

Nach Belieben planschen

Das **Hallenfreibad Miltenberg** liegt idyllisch am Main und ist perfekt für Familien geeignet. Im Innenbereich warten eine Rutsche und ein warmes Planschbecken. Draußen sorgen Wasserigel, Wasserspeier und eine Rutsche für spritzigen Spaß und Action. Für die Kleinen gibt es einen Sandkasten und eine Matschzone, ausreichend Schattenplätze und einen Wickelraum. Bei kälterem Wetter kann man einfach in den Innenbereich wechseln.

Ein Abend in der Häcke

Was gibt es Schöneres, als einen Abend in der **Häckerwirtschaft** zu verbringen? Die Häcker, Weinbauern der Region, laden ein, ihre hausgemachten Köstlichkeiten zu kosten, begleitet von authentischem Charme und lokaler Gastfreundschaft. Inmitten uriger Gemütlichkeit können regionale Spezialitäten und erlesene Weine probiert werden. Um zu erfahren, welcher Winzer an der Reihe ist, gibt es einen Häckerkalender – entweder online schauen oder den Kalender beim Churfranken e. V. anfragen.

Tag 1

VORMITTAG

Auf den Spuren der Römer

Der **Römerweg** in Miltenberg erstreckt sich über 17 Kilometer. Man folgt dabei dem Verlauf eines keltischen Ringwalls, an dem einst die Römer einen

Merkurtempel erbauten. Die Überreste dieses historischen Schatzes sind bedauerlicherweise nur im Museum zu bewundern. Die beiden Höhepunkte dieser Wanderung sind zweifellos die Aussichtspunkte. Der erste eröffnet sich direkt zu Beginn der Route, sobald man die belebte Hauptstraße von Miltenberg hinter sich lässt. Der zweite, die Haagsausicht, offenbart sich etwa drei Viertel des Weges später. Beide bieten einen atemberaubenden Blick auf das malerische Maintal.

In der ältesten Brauerei des Rhein-Main-Gebiets

Bereit für die faszinierende Welt des Bierbrauens? Bei einer einzigartigen Brauereiführung in der Brauerei Faust, der ältesten Brauerei im Rhein-Main-Gebiet, wartet ein fesselnder Rundgang, bei dem man in die Geheimnisse dieses traditionsreichen Handwerks eintauchen kann.

NACHMITTAG

Sanft über den Main gleiten

Entspannt auf dem Main dahingleiten, die reizvolle Altstadt Miltenbergs und die Umgebung vom Wasser aus betrachten … Eine **Schifffahrt** hat schon einen besonderen Reiz. Von Miltenberg kann man Rundfahrten von ca. 90 Minuten Länge buchen. Diese bieten nicht nur entspannte Momente, sondern auch die Möglichkeit, die Geschichte und Kultur entlang des Mains auf eine ganz besondere Weise zu erleben.

ABEND

Das kleinste Theater der Welt

Das **Liqueur Theater** in Miltenberg wirbt damit, das vielleicht kleinste Theater der Welt zu sein. Ob es das ist, sei mal dahingestellt. In jedem Fall verspricht es eine einzigartige kulturelle Erfahrung im intimen Rahmen. Denn hier gibt es nur 16 exklusive Sitzplätze, darunter 6 in Logen. Auf diese Weise schafft das Theater eine persönliche Verbindung zwischen den Künstlern und dem Publikum.

Tag 2

VORMITTAG

Ab in die Vogelperspektive

Bei einem Rundflug erhält man eine faszinierende Perspektive auf das pittoreske Maintal. Von hoch oben enthüllt sich das sanfte Hügelland, durchzogen von Weinbergen, malerischen Dörfern und dem ruhig dahinfließenden Main. Historische Schlösser, Burgen und Klöster zieren wie stumme Wächter die Landschaft.

NACHMITTAG

Wandern über dem Maintal

Der **Fränkische Rotwein Wanderweg** ist ein rund 80 Kilometer langer Fernwanderweg von Großwallstadt nach Bürgstadt. Die vielleicht schönste Etappe ist die vierte, die über einen Panoramaweg mit herrlichem Blick ins Maintal durch die denkmalgeschützten Weinterrassen aus dem 16. und 17. Jahrhundert von Erlenbach nach Klingenberg führt. In Klingenberg angekommen, gelangt man vom Stadttor über eine Treppe zum Johannesweg, der einen zur Clingenburg hinaufbringt.

→ Wer den Riesen, das älteste Gasthaus Deutschlands, ungestört fotografieren möchte, sollte früh aufstehen!

IN DEUTSCHLANDS ÄLTESTEM GASTHAUS

Das Gasthaus **Zum Riesen** in Miltenberg blickt auf eine Geschichte zurück, die bis ins Jahr 1411 zurückreicht. Die historische Fassade und das rustikale Ambiente erzählen von Jahrhunderten der Gastlichkeit. Hier verbinden sich kulinarische Genüsse mit einer Atmosphäre, in der die Gemütlichkeit vergangener Zeiten lebendig wird.

TERRASSE MIT MAINBLICK

Das Restaurant **Bootshaus** in Miltenberg bietet eine einzigartige Lage mit einer Terrasse direkt am Main. Mit einem atemberaubenden Ausblick auf den Fluss können Gäste hier unter freiem Himmel speisen und die idyllische Atmosphäre genießen.

FRÄNKISCHE KÜCHE GENIESSEN

Das Hotelrestaurant **Schwan** verspricht eine kulinarische Reise durch die fränkische Küche in stilvollem Ambiente. Tradition und Moderne verschmelzen in einer Auswahl erstklassiger Gerichte, geprägt von saisonalen Zutaten aus lokalem Anbau, Fleisch von heimischen Weiden, dazu gibt es ein Glas Wein aus dem sorgfältig zusammengestellten Weinkeller.

DER GAST IST KÖNIG

Das Gasthaus **Zur Krone** in Großheubach überzeugt mit herzlicher Gastfreundschaft. Und das bereits seit 1969 und mittlerweile in der zweiten Generation. Das Ziel ist es, jedem Gast »die Krone aufzusetzen« und den Tag zu etwas Besonderem zu machen. Und das schmeckt man!

Miltenberg von oben – ein atemberaubender Blick auf die charmante Stadt, eingebettet in die malerische Landschaft

24 Genuss in Rothenburg ob der Tauber und im Steigerwald

In Rothenburg ob der Tauber wartet ein märchenhaftes Wochenende. Der mittelalterliche Charme der Stadt mit den romantischen Gassen sorgt für eine einzigartige Atmosphäre. Hinzu kommen die Ausflüge in die Umgebung *et voilà*: 48 Stunden Traumurlaub.

In Mittelfranken wartet mit Rothenburg ob der Tauber eine bezaubernde Stadt, die einem Märchen entsprungen zu sein scheint. Grund dafür ist seine gut erhaltene mittelalterliche Altstadt. Die Verluste durch den Dreißigjährigen Krieg waren so schwer, dass der vorher erlangte Reichtum dahin war und mit ihm jegliche Bedeutung, die Rothenburg hatte. So kam es, dass die Stadt nach Ende des Krieges in eine Art Dornröschenschlaf fiel, wie man hier gerne sagt. Modernisierungen und Industrialisierung hielten nur schleppend Einzug. Diesem Umstand ist der sehr gute Erhaltungszustand der Altstadt zu verdanken, die heute international bekannt und beliebt ist.

Als eine der schönsten Städte Deutschlands lockt Rothenburg Besucher aus aller Welt an, die sich von den engen Kopfsteinpflastergassen, den farbenfrohen Fachwerkhäusern und den beeindruckenden Stadtbefestigungen verzaubern lassen wollen. Bei der Nachtwächtertour, einem Spaziergang durch die Altstadt oder beim Besuch der verschiedenen Museen lernt man so einiges über die Stadt und die Geschichte der Region.

Um die Stadt zu verlassen und sich in die Natur des Steigerwalds zurückzuziehen, der auch kulturelle Schätze zu bieten hat, nimmt man am besten das Auto. Dort angekommen, kann man dann nach Belieben durch die weitläufigen Wälder und durch charmante Dörfer wandern oder radeln. Außerdem warten Sehenswürdigkeiten wie das Kloster Ebrach mit seiner schlossartigen Barockanlage, die bewundert werden wollen.

Der Baumwipfelpfad Steigerwald, der für einen Perspektivwechsel sorgt, ist dabei ein ganz besonderes Erlebnis für Groß und Klein. Zusätzlich kann man durch Infotafeln oder über die App allerlei Wissenswertes über den Wald, seine Bewohner und die Forstwirtschaft lernen und die spektakuläre Weitsicht genießen. Wer eine Kamera dabei hat, kann die herrliche Aussicht festhalten!

↗ Die Nachtwächtertour in Rothenburg ob der Tauber ist ein spannendes Erlebnis, das man so schnell nicht vergisst!

Ankunft

ABEND

Eine Stunde im Mittelalter verbringen

Der perfekte Einstieg für ein Wochenende in und um Rothenburg ob der Tauber? Die **Nachtwächtertour**! Sie ist ein absolutes Highlight in der Stadt und perfekt für ein erstes Herantasten. Der Nachtwächter entführt seine Teilnehmer eine Stunde lang in die faszinierende Welt des Mittelalters. Seine authentische Kleidung mit Umhang, Hut, Hellebarde, Signalhorn und Laterne schafft eine atmosphärische Kulisse, die seine unterhaltsamen Erzählungen über das Mittelalter perfekt untermalt.

Im burglosen Burggarten

Der **Burggarten** in Rothenburg ob der Tauber ist rund um die Uhr geöffnet und zu jeder Tageszeit einen Besuch wert, aber zum Sonnenuntergang entfaltet er eine bezaubernde Atmosphäre, die die historische Kulisse der Stadt noch intensiver erlebbar macht. Die untergehende Sonne taucht die liebevoll gestalteten Blumenbeete und grünen Rasenflächen in warmes Licht. Die romantische Atmosphäre des Gartens wird durch die malerische Aussicht auf die Stadtmauer und die umliegende Landschaft verstärkt. Nur eins darf man nicht tun: nach der Burg fragen. Diese wurde nämlich schon vor langer Zeit zerstört.

Tag 1

VORMITTAG

Das Panorama genießen

Der **Rothenburger Panoramaweg** mit der Markierung W6 bietet eine malerische Kulisse für begeisterte Wanderer, die die Schönheit Rothenburgs aus verschiedenen Perspektiven genießen möchten. Die Route führt durch die Altstadt und aus ihr heraus, in hohem Bogen um Rothenburg ob der Tauber herum, und bietet atemberaubende Ausblicke auf die Stadt und die umliegende Landschaft.

Xmas-Feeling das ganze Jahr über

Eines von Rothenburg ob der Taubers Highlights ist mit Sicherheit das **Weihnachtsmuseum**. Es ist das ganze Jahr über geöffnet und bietet einen Einblick in die Geschichte von Weihnachten sowie in die Traditionen der Weihnachtszeit. Außerdem kann man im Shop jederzeit nach Herzenslust den Vorrat an Weihnachtsschmuck und -dekoration auffüllen oder schon mal das ein oder andere Weihnachtsgeschenk besorgen.

NACHMITTAG

Das fränkische Jerusalem erleben

Auf dem vier Kilometer langen Turmweg kann man die Altstadt Rothenburgs umrunden und fantastische Panoramaaussichten erleben. Über Schilder gibt es zudem stets geschichtliche Daten und Fakten zu den 46 historischen Türmen, die der Stadt auch den Namen fränkisches Jerusalem einbrachten.

Grausames Mittelalter

Ein Besuch im mittelalterlichen **Kriminalmuseum** ist in Rothenburg fast schon Pflicht. In dem ehemaligen Johanniterkloster taucht man in die grausame Seite der Geschichte ein. Das Museum enthält zum Beispiel eine Sammlung von eindrücklichen Strafwerkzeugen und erzählt von mittelalterlichen Kriminalgeschichten. Kaum vorstellbar, wie viele Daumen mit den Schrauben zerquetscht, Gelenke auf der Streckbank ausgerenkt und Menschen allgemein barbarisch gequält wurden, um Geständnisse der ihnen vorgeworfenen Missetaten zu entlocken.

ABEND

Süßen Klängen lauschen

Vor allem im Sommer finden regelmäßig **Konzerte in der St.-Jakobs-Kirche** in der Altstadt statt. Von Kammermusik über Chöre: Wer einen Abend mit Musik verbringen möchte, sollte einen Blick ins Programm der Franziskanerkirche werfen. Die Akustik im großen Kirchenbau und der besondere Rahmen tragen dazu bei, dass der Abend unvergesslich wird.

↗ Der treue Markusturm-Storch kehrt alljährlich zu seinem Nest auf dem Turm zurück.
← Auf der Stadtmauer kann man einen Spaziergang durch die Geschichte machen.

Whisky-Freunde aufgepasst!

Im Keller des Hotels Rothenburger Hof versteckt sich die Bar **Liquid Corner**, die freitags und samstags ab 20 Uhr frisch gezapftes Guinness oder Kilkenny, köstliche Cocktails und hochwertige Spiritu-

FACHWERK UND FEINE KÜCHE

Die charmante **Altfränkische Weinstube** lockt mit guter Küche und idyllischer Lage. Es befindet sich in einem 650 Jahre alten Fachwerkhaus am Klosterhof, zwischen dem Klingentor und der Jakobskirche. Nur wenige Schritte entfernt laden der Klostergarten, das Reichsstadtmuseum und das Toppler Theater zu spannenden Entdeckungen ein.

GENUSSVOLLE VIELFALT

Das **Klosterstüble** begrüßt seine Gäste mit einer vorzüglichen Mischung aus fränkischer, bayerischer und schwäbischer Küche. Mit Qualität, Authentizität und einem harmonischen Ambiente lädt das Klosterstüble zu einem kulinarischen Erlebnis ein, egal ob im gemütlichen Innenbereich oder auf der Terrasse.

osen verspricht. Rund 100 offene Single Malts aus Schottland, Irland, Japan und der ganzen Welt warten darauf, probiert zu werden. Es werden außerdem regelmäßig Whisky-Tastings mit verschiedenen Themen veranstaltet.

Tag 2

VORMITTAG

In den Tag radeln

Im Jahr 2004 entstand der **Kräuter-Rundweg** im Steigerwald, ein etwa 24 Kilometer langer Weg, auf dem duftende Heilkräuter wie Sonnenhut und Kamille präsentiert werden. Diese werden von den Kräuterbauern zu Tees und Gewürzen verarbeitet. Informationstafeln entlang des Weges bieten saisonabhängige Informationen über die Kräuter.

Das alte Kloster bestaunen

Das ehemalige **Zisterzienserkloster Ebrach** beeindruckt als schlossartige Barockanlage aus dem 18. Jahrhundert. Ursprünglich im 12. Jahrhundert von zwölf Mönchen gegründet, entwickelte es sich zu einem bedeutenden Bauwerk der Romanik und Frühgotik. Der Außenbereich mit schönen Klostergärten lädt zum Entspannen und Lustwandeln ein, so gibt es zum Beispiel einen historischen Kräutergarten. In einigen Teilen des ehemaligen Klosters ist heute die JVA Ebrach untergebracht.

NACHMITTAG

Über den Baumwipfeln wandeln

42 Meter über den Baumkronen spazieren, atemberaubende Aussichten genießen und dabei auch noch etwas über den Wald, seine Bewohner und die Forstwirtschaft lernen? Im Baumwipfelpfad Steigerwald kein Problem! Interaktive Elemente wie die Wipfel-App mit Quizfragen und Augmented Reality bieten eine zusätzliche Lernerfahrung.

Schwarzenbronner See

Der **Schwarzbronner See** präsentiert sich als idyllisches Gewässer, das Ruhe und Erholung inmitten der Natur verspricht. Umgeben von einer malerischen Landschaft, bietet der See eine friedliche Oase abseits des Trubels. Mit klarem Wasser und umgeben von grünen Ufern lädt der Schwarzbronner See nicht nur zum Verweilen ein, sondern auch zu Spaziergängen entlang des Uferwegs oder einem Picknick.

← Der Burggarten in Rothenburg ist eine friedliche Oase.
→ Der Sonnenuntergang verstärkt das erhabene Gefühl im Baumwipfelpfad.

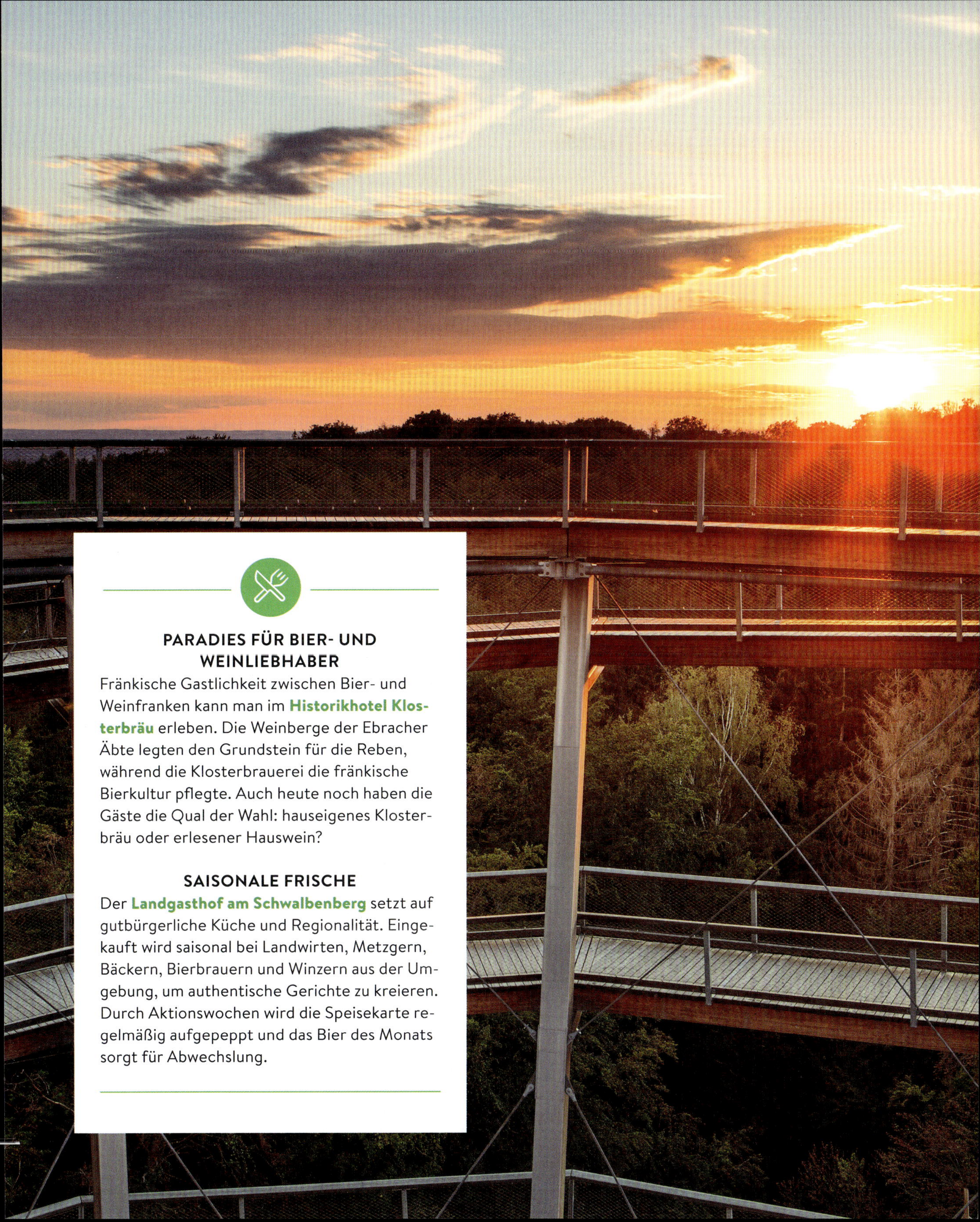

PARADIES FÜR BIER- UND WEINLIEBHABER

Fränkische Gastlichkeit zwischen Bier- und Weinfranken kann man im **Historikhotel Klosterbräu** erleben. Die Weinberge der Ebracher Äbte legten den Grundstein für die Reben, während die Klosterbrauerei die fränkische Bierkultur pflegte. Auch heute noch haben die Gäste die Qual der Wahl: hauseigenes Klosterbräu oder erlesener Hauswein?

SAISONALE FRISCHE

Der **Landgasthof am Schwalbenberg** setzt auf gutbürgerliche Küche und Regionalität. Eingekauft wird saisonal bei Landwirten, Metzgern, Bäckern, Bierbrauern und Winzern aus der Umgebung, um authentische Gerichte zu kreieren. Durch Aktionswochen wird die Speisekarte regelmäßig aufgepeppt und das Bier des Monats sorgt für Abwechslung.

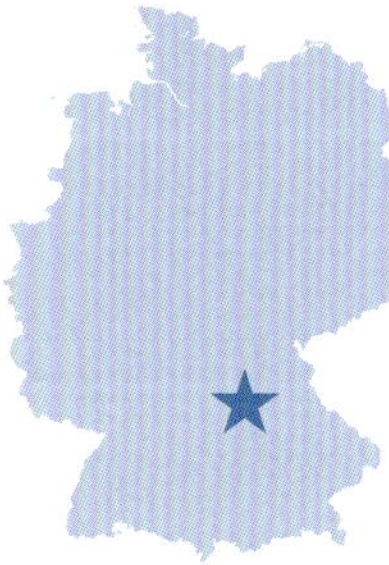

25 Geschichte und Natur in Nürnberg und Oberfranken

Nürnberg begeistert mit seiner historischen Kulisse und dem mittelalterlichen Stadtbild. Auch die Umgebung bietet reizvolle Ausflugsmöglichkeiten. In Oberfranken wartet die Fränkische Schweiz mit einer spannenden Outdoorwelt und Postkartenmotiven!

Wer noch nie in Nürnberg war, denkt vielleicht zunächst an Rostbratwurst und Lebkuchen. Und wenn man dann zum ersten Mal vor der scheinbar gigantischen Stadtmauer steht oder die Altstadt von oben betrachtet, fragt man sich, warum man nicht wusste, wie schön diese Stadt doch ist. Nürnberg ist geschichtsträchtig und so warten historische Straßen, beeindruckende Bauwerke wie die Kaiserburg und kulturelle Schätze darauf, entdeckt zu werden.

Die malerische Altstadt scheint unendlich groß zu sein. Verschiedene Themenwege wie beispielsweise der Astronomieweg, der an den größten Highlights der Altstadt vorbeiführt, machen die Erkundung leichter und so kann man auf eigene Faust losziehen und mehr über die Orte entlang der Wege erfahren. Wer sich lieber einer geführten Tour anschließen möchte, hat die Qual der Wahl. Im Winter sollte man sich den berühmten Christkindlesmarkt nicht entgehen lassen, der einer der ältesten Weihnachtsmärkte des Landes ist. Im Sommer kann man alternativ eines der vielen Musikevents wie Rock im Park oder Klassik Open Air besuchen. Nürnberg, selbst Teil von Mittelfranken, grenzt an die bezaubernde Landschaft Oberfrankens an. Wer Bad Staffelstein für den Ausflug wählt, kommt mit einem Umstieg in Bamberg mit der Bahn ans Ziel. Im sogenannten Gottesgarten am Obermain angekommen, wie man die Region nennt, in deren Mitte Bad Staffelstein liegt, warten zahlreiche Möglichkeiten für aktive Besucher gleichermaßen wie für jene, die es lieber entspannt angehen wollen.

Nach Gößweinstein in der Fränkischen Schweiz kommt man mit öffentlichen Verkehrsmitteln nicht ganz so gut. Stattdessen ist es einfacher, mit dem Auto anzureisen. Die Reise lohnt sich jedoch, da auch hier herrliche Wanderwege und andere Outdooraktivitäten warten. So kann man sich zum Beispiel im Bogenschießen probieren.

↗ Der Henkersteg ist ein Holzsteg, der nach der Wohnung des Henkers im Henkerturm benannt wurde.

Ankunft

ABEND

Die Geister, die ich rief …

Nürnbergs erster **Ghostwalk**, die »Geisterwege«, ist ein Streifzug durch das Burgviertel Nürnbergs nach Anbruch der Dunkelheit – nur begleitet vom Schein der Fackel. Geschichten über ruhelose Geister, eine kopflose Magd, den Spuk vom Schwarzen Bären und die mysteriösen Geheimnisse des Neun-Uhr-Glockenschlags sind Teil dieser besonderen Stadtführung. Diese Tour verleiht Nürnberg eine neue, mystische Perspektive und verspricht eine unvergessliche Reise durch die Schatten der Stadt.

Oper, Theater oder doch Ballett?

Bei einem Besuch im **Staatstheater Nürnberg** kann man in die Welt der Darstellenden Künste eintauchen. Es wurde 2005 als vierte Staatsbühne Bayerns aus den ehemaligen Städtischen Bühnen gegründet und ist eines der großen Mehrspartentheater des Landes. Mit seiner historischen Architektur und modernen Bühnentechnik bietet es ein breit gefächertes Repertoire von Oper, Schauspiel, Theater bis hin zu Ballett. Wer möchte sich nicht von der Atmosphäre dieses renommierten Theaters verzaubern lassen? Ein Abend im Staatstheater Nürnberg verspricht kulturellen Hochgenuss und unvergessliche Momente in der Welt der Kunst.

↑ Die Altstadt stellt die reiche Geschichte Nürnbergs eindrucksvoll zur Schau.
↘ Der Hesperidengarten ist ein barockes Gartenjuwel, das eine Oase in der Stadt bildet.

Tag 1

VORMITTAG

Im Zeichen der Astronomie

Der **Astronomieweg** durch Nürnbergs Innenstadt erstreckt sich über 25 Stationen und gewährt Einblicke in die Welt von Astronomen und Globen. Die Tour startet am ehemaligen Standort des ersten Planetariums der Stadt, führt zu historischen Türmen und zu den Highlights der Nürnberger Altstadt wie der Sebalduskirche, dem Hauptmarkt mit dem Schönen Brunnen und der Frauenkirche. Die Tour endet beim Nicolaus-Copernicus-Planetarium und der Regiomontanus-Sternwarte.

Sonne tanken am See

Die **Wöhrder Wiese** und der **Wöhrder See** bilden ein idyllisches Naherholungsgebiet nur wenige Minuten von der Altstadt entfernt. Die Wiese am Nordufer lockt mit einem künstlichen Sandstrand und einem Biergarten, während Radfahrer, Skater und Jogger die asphaltierten Uferwege nutzen. Studierende entspannen sich hier in ihrer freien Zeit und Wassersportfans können im unteren Teil des Sees paddeln.

NACHMITTAG

Nürnbergs schönstes Naherholungsgebiet

Der **Volkspark Dutzenteich** verzaubert bereits seit dem 16. Jahrhundert mit seinen Weihern und weitläufigen Grünflächen. Der Park bietet eine Oase der Ruhe, aber auch einen Ort für sportliche Betätigung: ob Inliner-Touren, Radfahren oder im Tretboot paddeln … Vor allem zum Sonnenuntergang einfach magisch!

Genuss in den Hesperidengärten

Die **Hesperidengärten** sind von der griechischen Mythologie inspiriert und entführen ihre Besucher mit kunstvollen Skulpturen, plätschernden Brunnen und farbenfrohen Blumenbeeten in eine Welt des Barocks. Dabei erinnern sie an prächtige Lustgärten vergangener Jahrhunderte. In diesem Blumenparadies kann man mitten in der Stadt einfach mal die Seele baumeln lassen. Wer nicht genug von Nürnbergs Gärten bekommt, kann auch zum nahe gelegenen Bürgermeistergarten und zum Burggarten schlendern.

ABEND

Mit Lebkuchen und Rostbratwurst

Der **Nürnberger Christkindlesmarkt** ist einer der ältesten und bekanntesten Weihnachtsmärkte der Welt. Er verzaubert seine Besucher mit seinem einzigartigen Charme. Die Holzbuden des »Städtleins aus Holz und Tuch gemacht« bieten traditionellen handgearbeiteten Weihnachtsschmuck sowie köstliche Leckereien. Dazu gehören natürlich die Nürnberger Spezialitäten: Rostbratwurst und Lebkuchen. Wer in der Sommerzeit in Nürnberg ist, kann alternativ eines der zahlreichen Musikfestivals wie Rock im Park oder Klassik Open Air besuchen.

Ein Abend auf der Burg

Wen es bereits am Samstagabend nach Oberfranken zieht, der sollte sich den Eventkalender der **Burg Rabenstein** anschauen. Mit stimmungsvollen Höhlenkonzerten, spannenden Krimidinnern und anderen mitreißenden Veranstaltungen punktet die mittelalterliche Burg als einzigartiger Veranstaltungsort, der idyllisch über dem Ahorntal thront.

POLNISCH-FRÄNKISCHE LIASON

Das Restaurant **Kopernikus** in der historischen Altstadt wartet mit einer Mischung aus polnischer und fränkischer Küche im Krakauer Turm, einem der ältesten Bauwerke in Nürnbergs Innenstadt. Genießen Sie nicht nur die kulinarischen Köstlichkeiten, sondern im Sommer auch das besondere Ambiente des Biergartens.

AB IN DEN GARTEN

Eine kulinarische Auszeit zur Mittagszeit kann man im **ARTE** nehmen. Das Restaurant befindet sich im Germanischen Nationalmuseum und bietet dort nicht nur Museumsbesuchern eine gute Gelegenheit für ein Päuschen. Im kleinen Klosterhof, genannt gARTEn, herrscht eine ganz besondere Atmosphäre.

Tag 2

VORMITTAG

Aktiv in Bad Staffelstein

Bad Staffelstein befindet sich in einer malerischen Region: Auf der einen Seite des Mains thront das Kloster Banz, auf der anderen Seite die Wallfahrtskirche Vierzehnheiligen. Ihr harmonisches Zusammenspiel wird durch den Staffelberg ergänzt, mit dem sie das sogenannte Dreigestirn bilden, das vom Main durchzogen wird. Ob eine Radtour zu Kirche und Kloster, eine Wanderung auf den Staffelberg oder eine Kajaktour auf dem Main: In Bad Staffelstein ist alles möglich.

Den Bogen überspannen

Schon mal Bogenschießen gewesen? Im naturnahen Gelände der Parcours von **SehnenSucht** in Gößweinstein mit 32 3-D-Zielen warten einzigartige Herausforderungen für alle, die sich mal als Schützen probieren wollen. Wer keine eigene Ausrüstung hat, kann Pfeil und Bogen vor Ort ausleihen – einfach vorab im Kontaktformular Bescheid geben. So kann man sich ganz auf das Bogenschießen in der atemberaubenden Naturkulisse konzentrieren.

NACHMITTAG

Gesunde Sole

Wer zum krönenden Abschluss ein wenig Wellness genießen möchte, sollte einen Besuch in der ObermainTherme einplanen. Das Wasser der Therme stammt aus der Tiefe der Erde und die gesunde Thermalsole hat Bad Staffelstein zum Status eines Kurortes verholfen. Ob Whirlpool oder doch ein paar Saunagänge: Hier ist Entspannung angesagt!

Auf Balthasar Neumanns Spuren

Der malerische 4000-Seelen-Ort **Gößweinstein** lockt mit historischen Baudenkmälern, Museen und Panoramablick. Hier verlaufen bedeutende Fernwanderwege wie der Fränkische Marienweg und der Frankenweg. Die Dreifaltigkeitskirche, beeindruckt ebenso wie die Burg aus dem 11. Jahrhundert und der beliebte Aussichtspunkt, der Kreuzberg. Entlang dieser Highlights führt der Balthasar-Neumann-Weg und bietet Wanderern einen schönen Rundweg.

← Den Sonnenuntergang genießen? Das geht auf dem Staffelberg ganz wunderbar!
→ Beim Anblick von Vierzehnheiligen kann einem schon mal ein »Wow« entfleuchen.

DAS IST DIE KRÖNUNG

Direkt gegenüber der Dreifaltigkeitsbasilika in Gößweinstein wartet das Hotelrestaurant **Krone** mit fränkischen Spezialitäten. Im Sommer kann man von der Sonnenterrasse mit Blick auf Balthasar Neumanns Meisterwerk schlemmen und ein kühles Kellerbier genießen. Wenn es kalt ist, wartet der Innenraum in klassischen Ambiente.

KLOSTERBLICK

In der gemütlichen **Banzer Waldschänke**, wo man bei schönem Wetter auch die Möglichkeit hat, im Freien zu essen, gibt es am Wochenende zwischen 10 und 19 Uhr warme Küche. An Waldtischen und mit atemberaubender Aussicht auf das majestätische Kloster Banz und das malerische Maintal schmeckt das Mittagessen doch gleich doppelt so gut.

26 In der Dreiflüssestadt Passau und im Passauer Land

Am Zusammenfluss von Donau, Inn und Ilz wartet Passau mit seiner romantischen Altstadt und zahlreichen kulturellen Schätzen. Aber auch im Umland gibt es viele weitere Highlights und wer will, kann sogar einfach nach Österreich hinüberlaufen.

Die zauberhafte Dreiflüssestadt Passau lädt zu einem unvergesslichen Wochenende. In der Altstadt, wo barocke Architektur, verwinkelte Gassen und charmante Plätze warten, gibt es viel zu entdecken. Zum Beispiel die mit 18 000 Pfeifen weltweit größte Kirchenorgel im Stephansdom, die man täglich um 12 Uhr in Aktion erleben kann, das ehemalige Kloster Niedernburg oder die sogenannte Künstlergasse, in der man in Läden lokaler Künstler stöbern kann. Die Kopfsteinpflasterstraße ist mit einem mittig verlaufenden bunten Streifen Farbe versehen, der die Künstlergasse zudem zu einem absoluten Foto-Highlight macht.
Auch die im 17. Jahrhundert entstandene Wallfahrtskirche Mariahilf, eingebettet in eine barocke Klosteranlage, die majestätisch auf einem Hügel im Stadtteil Innstadt thront, ist einen Besuch wert. Ein besonderes Highlight ist der überdachte Treppengang, auch als Wallfahrtsstiege bekannt, der mit seinen 321 Stufen von der Flusshöhe zur Kirche hinaufführt. Genau auf der anderen Seite liegt die imposante Veste Oberhaus mit ihrem atemberaubenden Ausblick über die Stadt und die Flüsse.
Wer es entspannter angehen möchte, kann einfach an der Promenade entlangschlendern, die die Altstadt umgibt, oder eine Schifffahrt unternehmen.
Die Umgebung von Passau lockt mit idyllischen Radwegen entlang der Flüsse wie dem Innradweg, der in Passau startet und theoretisch über 520 Kilometer bis nach Maloja in der Schweiz führt. Ein Stopp im österreichischen Schärding bietet sich an. Zahlreiche Wander- und Spazierwege im Passauer Land sorgen für Abwechslung. So kann man zum Beispiel im Kurpark Bad Füssing wandern gehen, der Naturfreunden die Möglichkeit bietet, draußen aktiv zu werden und anschließend in der Europa Therme zu entspannen. Ob Kultur, Natur oder Kulinarik – Passau und seine Umgebung versprechen ein abwechslungsreiches Wochenende für jeden Geschmack.

↗ Beim Aufstieg zur Veste Oberhaus wird der Blick auf Passau immer besser und man bekommt ein Postkartenpanorama.

Ankunft

ABEND

Der Steinbock

Das Wochenende in Passau beginnt sportlich beim **Bouldern im Steinbock**. Die Boulderhalle bietet Kletterbegeisterten jeden Levels eine ansprechende Umgebung mit verschiedenen Schwierigkeitsgraden und abwechslungsreichen Routen. Im Innenbereich warten sieben Sektoren mit 180 Boulderproblemen. So können sich Kletterer hier auf vielfältige Weise herausfordern und ihre Fähigkeiten verbessern, während sie von der positiven Energie der Community umgeben sind.

Abendspaziergang am Ufer

Wer es lieber langsam angehen lassen möchte, kann einen **Abendspaziergang** entlang der bezaubernden Uferpromenade machen. Erst der Sonnenuntergang und die sanfte Brise von Donau, Inn und Ilz verleihen der Szenerie eine romantische Atmosphäre. Der Anblick der beleuchteten Veste Oberhaus schenkt dem Spaziergang eine besondere Note.

Tag 1

VORMITTAG

Altstadtspaziergang

Die **Altstadt** lockt gleich am Morgen mit ihren Highlights. Der Residenzplatz, als wohl schönster Platz in Passau, sticht mit dem Wittelsbacherbrunnen mit seinen drei Engelsstatuen heraus, die die drei Flüsse Donau, Inn und Ilz symbolisieren. In der Höllgasse sind Galerien und Kunsthandwerksläden so dicht gesät, dass die Straße liebevoll den Beinamen Künstlergasse trägt. Hier bietet sich die Gelegenheit zum Stöbern und Bewundern der Werke lokaler Künstler. Die Benediktinerinnenabtei Kloster Niedernburg thront in der Altstadt und hält die Grabstätte der Seligen Gisela und das Fresken-Museum bereit. Und dann wartet natürlich der Stephansdom mit der größten Kirchenorgel der Welt, der man zum Abschluss des Altstadt-Spaziergangs um 12 Uhr für 30 Minuten lauschen kann.

321 Stufen hinauf

Im 17. Jahrhundert entstand die **Wallfahrtskirche Mariahilf**, eingebettet in eine barocke Klosteranlage, die majestätisch auf einem Hügel im Passauer Stadtteil Innstadt thront. Dieser Bezirk ist der einzige rechts des Inns, der normalerweise die natürliche Grenze zu Österreich bildet. An dieser Stelle weicht die Grenze von ihrem gewohnten Verlauf ab und umschließt Innstadt. Ein Highlight ist der überdachte Treppengang, die Wallfahrtsstiege mit ihren 321 Stufen, die von der Flusshöhe zur Kirche hinaufführen.

NACHMITTAG

Die drei Flüsse von oben

Die mittelalterliche Burganlage der Veste Oberhaus, erbaut im Jahr 1219, beherbergt heute das Oberhausmuseum. Um zu ihr zu gelangen, muss man einen schweißtreibenden Aufstieg in Kauf nehmen. Doch es lohnt sich! Im Museum kann man nämlich den Zusammenfluss von Donau, Inn und Ilz sehen – jeder Fluss in seiner charakteristischen Färbung.

Eine Stadtrundfahrt der besonderen Art

Eine Erkundungstour durch das friedvolle Bayerische Venedig, wie Passau auch genannt wird, sollte auf jeden Fall auf dem Programm stehen. Vom Schiff aus bietet sich ein unvergesslicher Ausblick auf Passau. Während man die Dreiflüssemündung von Donau, Inn und Ilz mit ihren charakteristischen Färbungen von der Veste Oberhaus von oben sehen kann, kann man sie bei einer **Schifffahrt** von Nahem betrachten.

ABEND

Konzertbesuch im Dom

Ein **Konzert im Passauer Stephansdom** zu erleben, ist ein einzigartiges und beeindruckendes Erlebnis, das die majestätische Atmosphäre dieses historischen Wahrzeichens mit Musik verbindet. Die imposante Barockarchitektur des Doms, besonders bekannt durch seine Kirchenorgel, die die größte der Welt ist, schafft eine akustische Kulisse. Sie hebt die Musik auf ein ganz neues Niveau. Von klassischen Orgelkonzerten bis zu feierlichen Choraufführungen erstreckt sich das Repertoire, das die spirituelle Aura des Stephansdoms hervorhebt und die Besucher in eine Welt der klanglichen Erhabenheit entführt.

DOMBLICK INKLUSIVE

Das **Goldene Schiff** in Passau ist zwar, anders als der Name vermuten lässt, kein Schiff, bietet aber dennoch den perfekten Ort für gemütliche Stunden. Die urigen Lauben und die liebevolle Gestaltung schaffen eine ideale Atmosphäre. Der Biergarten und die Terrasse vor dem Haus bieten viel Platz und einen besonderen Blick auf den Dom.

TRADITIONELLE SPEISEN DIREKT AN DER DONAU

Im **Ratskeller Passau** warten täglich von 11 Uhr bis 23 Uhr traditionelle deutsche Speisen und Bier in einer behaglichen Atmosphäre mit Gewölbedecke im Innenbereich und einer großzügigen Terrasse im Außenbereich direkt an der Donau.

↖ Am Residenzplatz kann einen schon mal Mittelmeer-Feeling überkommen!
↓ Der Stephansdom in Passau ragt imposant als geistliches Zentrum der Stadt empor.

Stadttheater Passau

Das **Stadttheater Passau** wurde im Jahr 1645 ursprünglich als Ballhaus errichtet und im 18. Jahrhundert in ein provisorisches Hofkomödien- und Hofopernhaus umgewandelt. 1783 fand die erste Veranstaltung statt, die auch für das normale Volk zugänglich war. Passau war damit eines der ersten deutschen Residenztheater, in dem zahlende Untertanen willkommen waren. Heute kann man das Theater im historischen Zustand genießen, nachdem Änderungen aus dem 19. Jahrhundert wieder rückgängig gemacht wurden. Das Stadttheater Passau ist integraler Bestandteil des Landestheaters Niederbayern und fungiert als dessen musikalische Sektion, mit einem eigenen Opernensemble, Solisten, Chor und Orchester.

Tag 2

MORGEN

Nach Österreich radeln

Als Dreiflüssestadt liegt Passau natürlich auch an den entsprechenden Flussradwegen. Einer von ihnen ist der **Innradweg**, dem man entspannt 17 Kilometer bis ins oberösterreichische Schärding folgen kann. Stets begleitet vom majestätischen Inn, umgeben von idyllischer Natur und historischen Städten, fährt man entlang des gut ausgebauten Radwegs. Wer wieder zurück nach Passau radeln möchte, kann einfach auf der anderen Seite des Flusses fahren.

Entspannende Oase

Eine einladende Oase der Entspannung und Erholung wartet im **Kurpark Bad Füssing**. Direkt an den beiden Kurhäusern gelegen und angrenzend an die Europa Therme sowie den Kurwald gibt es hier ein dichtes Netz von Spazierwegen, das den Park durchzieht. Entlang des Weges gibt es viele Sitz- und Rastmöglichkeiten, die zum Verweilen einladen.

Ein Spaziergang in Österreich

Kurz nach Österreich hinüberlaufen? Kein Problem! Die Barockstadt **Schärding** liegt unweit von Passau auf der anderen Seite des Inns. Die Stadt beeindruckt mit ihren farbenfrohen Gebäuden aus dem 16. und 17. Jahrhundert. Über die Alte Brücke gelangt man hinüber und kann die Innpromenade mit Blick nach Bayern entlangschlendern. Hinauf zum Schlosspark und dann zur Silberzeile, dem Dreh- und Angelpunkt der Stadt, erlebt man einige von Schärdings Highlights.

Im Thermalwasser entspannen

Die Europa Therme Bad Füssing bezieht ihr Thermalwasser aus einer eigenen Quelle, die 19 Becken mit Wassertemperaturen von 27 °C bis 40 °C speist. Das Thermalbade- und Erholungszentrum erstreckt sich über eine Wasserfläche von über 3000 Quadratmetern und hat eine neu sanierte Saunalandschaft mit einer Fläche von über 1000 Quadratmetern.

↖ Schärding ist bekannt für die bunten Barockfassaden und die idyllische Lage am Inn.
→ Schärdings romantischer Schlosspark liegt direkt an der alten Innbrücke.

LUNCH-STOP IN ÖSTERREICH

Das Café und Restaurant **BARista** an der Schärdinger Silberzeile ist DER Treffpunkt in der Barockstadt. Wer drinnen sitzen möchte, kann dies im Wintergarten tun. Alternativ wartet eine schöne Terrasse. Ob zum Brunchen oder Mittagessen: Hier wird man sicher fündig. Sonntags nur bis 18 Uhr geöffnet.

ESSEN IM KURPARK

Das Café **Restaurant im Kurhaus** befindet sich unmittelbar im Kurpark von Bad Füssing. Auf der Terrasse mit rund 140 Sitzplätzen haben Gäste die Möglichkeit, die reizvolle Parkanlage zu genießen. Es gibt regionale Gerichte, frisch zubereitete Torten und Kuchen sowie Passauer Bier. Sonntags von 10 bis 22 Uhr geöffnet.

27 Bayerische Schönheiten in München und am Chiemsee

Ein unvergessliches Wochenende voller bayerischem Flair wartet in München mit seinen Sehenswürdigkeiten, Parks und Biergärten. Am Chiemsee, nicht weit entfernt, eröffnet sich eine idyllische Inselwelt mit dem Schloss Herrenchiemsee.

Die bayerische Landeshauptstadt ist schon ein besonderes Fleckchen Erde. München schwankt zwischen Weltoffenheit und seinen Traditionen und erobert damit die Herzen der Menschen. Besonders bekannt ist die Stadt für das weltweit größte Volksfest, die *Wiesn*, für Bier und das Hofbräuhaus sowie für *Brezn*. Aber auch abseits von Festen und Hopfengetränken hat die Stadt eine Menge zu bieten und so kann man hier ein abwechslungsreiches Wochenende zwischen den historischen Gassen, belebten Einkaufsstraßen und wunderschönen Parks verbringen. Auch abends hat man erstaunlich viele Möglichkeiten. Neben einem Besuch der Münchener Kammerspiele oder in der Deutschen Staatsoper, in der bereits seit dem Jahr 1700 Aufführungen stattfinden, kann man zum Beispiel den Sonnenuntergang von einer Dachterrasse wie der des Bayerischen Hofes bewundern, in dem man gleichzeitig in den Genuss eines Spa-Aufenthalts kommt. Wie schön kann ein Abend ausklingen?
Ein Ausflug zum Chiemsee, nur einen kurzen Katzensprung von München entfernt, verspricht eine ganz andere Dimension des Genusses. Die weiten Wasserflächen und grünen Ufer des Chiemsees bieten eine friedliche Kulisse, während die Inseln, allen voran die Herreninsel mit dem prächtigen Schloss Herrenchiemsee, einen Hauch von Märchenhaftigkeit versprühen. Hier kann man sich dem Rhythmus der Natur hingeben – sei es bei einem gemütlichen Spaziergang entlang des Ufers, einer entspannten Bootsfahrt zu den Inseln oder einfach beim Verweilen in dieser Oase der Ruhe. Ein Besuch in der Chiemgau Therme rundet den Wochenendausflug ab. Dieses Wochenende, das geschickt zwischen dem pulsierenden Leben Münchens und der beschaulichen Atmosphäre am Chiemsee balanciert, verspricht nicht nur eine Reise durch die Geschichte und Kultur Bayerns, sondern auch Momente der inneren Einkehr und des Staunens über die Schönheit der Natur.

↗ Der Marienplatz ist das pulsierende Herz der Stadt und umgeben von historischen Gebäuden und dem berühmten Glockenspiel im Neuen Rathaus.

Ankunft

ABEND

Besuch Münchner Kammerspiele

Die **Münchner Kammerspiele** repräsentieren ein geschichtsträchtiges Theater, das sich voll und ganz dem Sprechtheater verschrieben hat. Im Jahr 1926 erfolgte der Umzug in das bereits 1901 fertiggestellte Schauspielhaus im Jugendstil in der Maximilianstraße. Das Spielprogramm auf drei unterschiedlichen Bühnen ist vielfältig.

Ein Abend im Spa

Ein Fest für die Sinne ganz im Zeichen des Wohlbefindens wartet im **Blue Spa** im Hotel Bayerischer Hof. Wenn hier etwas nicht zu kurz kommt, sind es Genuss und Wellness: die Aussicht aus dem siebten Stock auf München bei Sonnenuntergang, eine Massage oder Entspannung am Pool. Im Spa kann man sich nach Anmeldung nach Lust und Laune entspannen. Wer sich danach noch einen Drink gönnen möchte, kann direkt im Hotel bleiben – die Bar wartet eine Etage höher!

Tag 1

VORMITTAG

Altstadttour

Der Marienplatz ist das Herzstück Münchens und markiert den Auftakt der **Altstadttour**. Das beeindruckende Glockenspiel am Neuen Rathaus, das täglich um 11 und um 12 sowie im Sommer noch mal um 17 Uhr regelmäßig wechselnde Lieder spielt, ist bei der Tour ein absolutes Muss. Unmittelbar angrenzend an den Marienplatz liegt der berühmte Viktualienmarkt, der mit seinen vielfältigen Food-Ständen ein kulinarisches Highlight bietet. Der Alte Peter ist Münchens älteste Pfarrkirche und erhebt sich majestätisch in die Höhe. Nach einem schweißtreibenden Aufstieg über mehr als 300 Treppenstufen wird man mit einem atemberaubenden Ausblick belohnt.

Einfach aufspringen!

Die Höhepunkte Münchens in nur einer Stunde erleben? Das geht mit dem **HopOn-HopOff-Bus**, einem offenen Doppeldeckerbus, durch den man die Alte Pinakothek, die Neue Pinakothek, die Gemäldegalerie, den Odeonsplatz, das Nationaltheater, den Marienplatz, das Rathaus, die Frauenkirche, den Viktualienmarkt, das Hofbräuhaus, den Karlsplatz und den Eisbach sehen oder erreichen kann. Natürlich kann man auch jederzeit aussteigen und nach Belieben wieder einsteigen, da das Ticket 24 Stunden Gültigkeit hat.

NACHMITTAG

Die königliche Sommerresidenz

Schloss Nymphenburg ist ein herrliches Schloss mit einem prunkvollen Park, das von 1715 bis 1918 die Sommerresidenz der Kurfürsten und Könige von Bayern war. Über zwei Jahrhunderte hinweg entwickelte es sich von einem bescheidenen Landhaus zu einer imposanten Dreiflügelanlage im Barock- und Rokokostil. Zusammen mit dem östlichen Rondell, dem westlichen Park, vier Schlössern und einem Netzwerk aus zahlreichen Kanälen bildet Schloss Nymphenburg ein einzigartiges architektonisches Ensemble. Es zählt zu den größten Schlössern Deutschlands.

Besuch im Englischen Garten

Ganz oben auf der Liste der unverzichtbaren Sehenswürdigkeiten Münchens steht der **Englische Garten**. Ein gemütlicher Spaziergang oder eine Fahrradtour durch diesen weitläufigen Park gleichen einer erholsamen Auszeit. Auch ein Stopp an der Eisbachwelle ist fast schon ein Muss bei einem Trip nach München. Dort trotzen furchtlose Surfer der heimtückischen Strömung und liefern dabei ein Spektakel der Extraklasse. Nicht weniger kurios und einen Schlenker wert ist der Biergarten beim Chinesischen Turm. Dort herrscht im Sommer stets buntes Treiben.

ABEND

Aufführung in der Deutschen Staatsoper

Bereits seit dem Jahr 1700 finden in der Münchener Oper, der **Bayerischen Staatsoper**, Aufführungen statt. Es gibt verschiedene Häuser für die Aufführungen: das Nationaltheater am Max-Joseph-Platz, das Prinzregententheater, das Alte Residenztheater (Cuvilliés-Theater) sowie die Reithalle München. Das Opernhaus ist außerdem die Spielstätte des renommierten Bayerischen Staatsorchesters und seit 1875 ist das Nationaltheater auch der Austragungsort der Münchner Opernfestspiele, die weltweit zu den bedeutendsten Musikfestivals zählen.

↑ Surfen in München? Das geht an der Eisbachwelle – ein echtes Spektakel!
↙ Der Englische Garten – eine weitläufige grüne Oase zum Entspannen, Spazieren und Genießen

DAS BERÜHMTESTE WIRTSHAUS DER WELT?

Das **Hofbräuhaus** in München, 1589 von Herzog Wilhelm V. gegründet, ist das vielleicht berühmteste Wirtshaus der Welt. Es ist fast schon eine eigene Sehenswürdigkeit und hier einmal einzukehren gehört eigentlich zum Pflichtprogramm. Hier ist alles handgemacht, und das Fleisch kommt aus der hauseigenen Metzgerei.

RATSKELLER

Der **Münchner Ratskeller** am Marienplatz, 1874 eröffnet und für die exzellente, regionale Küche bekannt, zeichnet sich durch sein historisches Ambiente aus. Die Räumlichkeiten liegen in einem Kellergewölbe, was zur urigen Atmosphäre beiträgt und den Hauch der Geschichte spürbar zu machen scheint. Im Sommer kann man im Hofgarten sitzen.

Mit dem Schiff um den See

In 2,5 Stunden kann man **mit dem Schiff von Ufer zu Ufer** und von Insel zu Insel einmal um den Chiemsee fahren. So kann man die Schönheit der Herren- und der Fraueninsel erleben und gleichzeitig andere Perspektiven auf die Chiemgauer Berge und die Orte am Ufer entdecken. Aussteigen ist jederzeit möglich.

Typisch Bayern

Biergenuss gehört in München einfach dazu. Das geht bei einer **Biertour**! Die Touren kann man mit einem Guide buchen und sich mit ihm auf einer 3,5-stündigen Tour durch die Bierhallen und Brauereien der Stadt trinken und gleichzeitig hinter die Kulissen historischer Brauereien blicken. Teil der Touren ist auch das weltbekannte Hofbräuhaus.

Tag 2

VORMITTAG

Paddelnd über den Chiemsee

Sanfte Gewässer und ein herrliches Panorama: Damit wartet der Chiemsee auf. Daher ist er auch für Anfänger geeignet. Wer bereits ein bisschen mehr Erfahrung gesammelt hat und eine ausgedehnte **Rudertour** machen möchte, kann dafür zur Frauen- oder Herreninsel rudern. Für Balancesuchende stehen Angebote wie SUP-Yoga zur Verfügung. An verschiedenen Verleihstationen direkt am See stehen Boards und Paddel bereit, sodass man auch ohne eigenes Equipment lospaddeln kann.

MITTAG

Beim Märchenkönig

König Ludwig II. erschuf auf der Herreninsel im Chiemsee ab 1878 sein prunkvolles Schloss – ein zweites Versailles und der letzte beeindruckende Bau des Märchenkönigs. Wie einst der König und seine Gäste kann man sich hier stilvoll mit der Pferdekutsche fortbewegen. Die gemütliche Kutschfahrt durch den schattigen Inselwald, mit dem imposanten **Schloss Herrenchiemsee** und den kunstvollen Wasserspielen im Park in Sichtweite, erzeugt eine nostalgische Atmosphäre vergangener Zeiten.

Entspannte Auszeit zum Abschluss

Für einen erholsamen Abschluss des Trips nach München und an den Chiemsee empfiehlt sich eine Auszeit in den **Chiemgau Thermen** in Bad Endorf. Einfach abtauchen und genießen! Im wohltuenden Thermalwasser und der himmlischen Saunalandschaft kein Problem … Zu den Höhepunkten gehören die Felslagune und die Ruhe-Lounge. Die Panoramasauna punktet mit ihrer atemberaubenden Aussicht auf die bayerischen Voralpen und den Simssee.

↖ Schloss Herrenchiemsee – sich rund 150 Jahre in der Zeit zurückversetzt fühlen
→ Weil's so schön ist: einfach bis zum Sonnenuntergang am Chiemsee bleiben

KULINARISCHE VERWÖHNUNG

Im **Yachthotel Genuss-Restaurant Kitz & Gloria** wird man den ganzen Tag über kulinarisch verwöhnt. Die hochwertige Küche schöpft aus den lokalen Traditionen und präsentiert das Beste der Region, um Kreationen auf höchstem Niveau zu zaubern. Wer im Garten sitzt, kann dabei sogar mit Blick auf den See speisen.

TRADITIONSBETRIEB AUF HERRENCHIEMSEE

Die **Schlosswirtschaft Herrenchiemsee** ist ein herzlicher Familienbetrieb, der Gäste aus aller Welt auf der schönen Insel begrüßt. Hier kann man nicht nur essen, sondern auch Urlaub machen, tagen, feiern, entspannen, im Biergarten verweilen, Dampfer fahren und vieles mehr. Bis 2011 war die Schlosswirtschaft fast 100 Jahre lang als Schlosshotel bekannt.

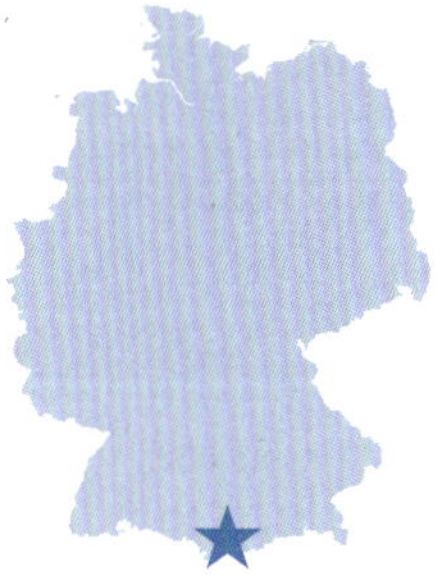

28 Beim Märchenkönig in Füssen und im Allgäu

Füssen und das Allgäu bieten ein Wochenendparadies ohnegleichen, das mit malerischen Landschaften, majestätischen Schlössern und einer Fülle an Outdooraktivitäten lockt. Es wartet ein perfekter Kurzurlaub, um Natur, Kultur und Entspannung zu erleben!

In Bayerns höchstgelegener Stadt, Füssen, kreuzen sich die malerischen Tourismusrouten Romantische Straße und Deutsche Alpenstraße. In dieser Idylle wartet ein unvergessliches Wochenende im Herzen des Allgäus.

Die charmante Stadt, deren Geschichte tief in ihrer Lage an einer alten Fernstraße verwurzelt ist, hat seit über 2000 Jahren Kriegstruppen, Handelskarawanen sowie Kaiser und Könige willkommen geheißen. Sie erreichten die Stadt auf der Via Claudia Augusta, die bis in die Gegenwart hinein als beliebte Route über den Fern- und Reschenpass genutzt wurde und wird. Füssens Ruf als Zentrum des Lauten- und Geigenbaus, geprägt durch die Gründung der ersten europäischen Lautenmacherzunft im Jahr 1562, hallt in ganz Europa nach.

Die romantische Altstadt von Füssen selbst ist ein Juwel, das zum Bummeln und Entdecken einlädt. Mittelalterliche Gassen, prächtige Bürgerhäuser, barocke Kirchen und Klöster sowie zwei faszinierende Museen warten darauf, erkundet zu werden. Altstadtführung, das Stadtmuseum besuchen und die Kunst in den ehemaligen königlichen Residenzen bewundern, sind jedoch nur einige der zahlreichen Möglichkeiten, wie das Wochenende gestaltet werden kann.

Auch im königlichen Allgäu steht mehr bereit als nur die weltberühmten Schlösser Neuschwanstein und Hohenschwangau. Bei einer Radtour oder einem Canyoning-Trip erlebt man die Allgäuer Schluchten aus einer neuen Perspektive. Wer Lust auf ein Outdoorabenteuer hat, wird hier sicher fündig. Egal ob Geschichte, Kultur oder die atemberaubende Natur … Füssen und das Allgäu bieten für jeden genau das Richtige. Ein Wochenende hier bedeutet, in eine Welt voller Geschichte und Romantik einzutauchen und die Schönheit der Natur zu erleben, die lange in Erinnerung bleiben werden.

→ Das Dornröschenschloss inspirierte das märchenhafte Schloss Neuschwanstein.
→ Die Altstadt von Füssen ist ein charmantes historisches Juwel am Fuße der Alpen.

Ankunft

ABEND

Sich mitreißen lassen

Wer mit einem mitreißenden Musical ins Wochenende starten möchte, kann dies im **Festspielhaus Neuschwanstein** tun. Das imposante Gebäude liegt auf einer künstlichen Halbinsel im Forggensee direkt am Wasser und ist umgeben von einem romantischen Barockgarten. Das Programm reicht von klassischen Musicals à la Nussknacker bis hin zu neumodischen Inszenierungen von *Die Schöne und das Biest.*

Den Skatern bei ihrer Kunst zusehen

Der **Skate- und Bikepark** in Füssen, mit 130 Metern Deutschlands längster, eignet sich für Anfänger und Fortgeschrittene und ist barrierefrei zugänglich. Die 2800 Quadratmeter große Anlage bietet unterschiedliche Bereiche für verschiedene Nutzergruppen, getrennt durch farbige Aufenthaltsflächen. Sie umfasst eine zentrale Streetfläche, eine Miniramp, einen Bowl und zwei Pumptracks für verschiedene Altersgruppen, ergänzt durch eine asphaltierte Jumpline und Sitzbereiche. Wer nicht mitfahren möchte, kann einfach dem faszinierenden Spiel der Hobbyskater zusehen.

Tag 1

VORMITTAG

Füssens Altstadt

Begeben Sie sich mit einem Stadtführer auf eine 1,5-stündige Erkundungstour durch die **Altstadt von Füssen**. Das Schlendern durch historische Straßen, das Bestaunen der Architektur und das Besuchen der Highlights wie Sebastiansfriedhof, Franziskanerkloster, Bleichertörle und Lechuferweg gehört da natürlich mit dazu.

NACHMITTAG

Schifffahrt mit Neuschwansteinblick

Der Forggensee im Allgäu ist ursprünglich in den 1950ern als Lechstausee entstanden. Als größter See der Region ist er nicht nur Teil des Naherholungsgebiets, sondern auch wichtig für Wasserkraft und Hochwasserregulierung. Im Winter wird die römische Via Claudia Augusta im trockengelegten See sichtbar. Von Juni bis Mitte Oktober bietet der Forggensee **Schiffsrundfahrten** mit Blick auf Schloss Neuschwanstein und die Alpen.

ABEND

Konzerte im historischen Kaisersaal

Im Barockkloster **St. Mang** wartet der historische Kaisersaal, ein traditioneller Ort für kulturelle Veranstaltungen, der den perfekten Rahmen für Kammermusik aller Epochen bietet. Dieser Raum, in dem Musik und Ästhetik zu einem Gesamtkunstwerk verschmelzen, ist seit über 70 Jahren Schauplatz der jährlichen Kaisersaalkonzerte von Juni bis August, organisiert vom Kulturamt der Stadt Füssen.

Tag 2

VORMITTAG

In die Pedale treten

Eine **Radtour** rund um Füssen bietet tolle Ausblicke auf das Bergpanorama und Schloss Neuschwanstein und führt vorbei an idyllischen Badestellen. Besonders beliebt ist die Vier-Seen-Runde ab Bad Faulenbach, die u. a. an Mitter-, Ober- und Alatsee vorbeiführt. Wer sich für Sightseeing auf dem Fahrrad begeistert, sollte die Wieskirche in Steingaden, ein Rokokojuwel und UNESCO-Weltkulturerbe, nicht verpassen. Der Bodensee-Königssee-Radweg führt durch das malerische Voralpenland bis zur Wieskirche.

NACHMITTAG

Ein Paradies für Outdoorbegeisterte

Wer sich für Outdooraktivitäten begeistert, für den ist das Allgäu genau richtig. Insbesondere Liebhaber des **Canyoning** kommen hier voll auf ihre Kosten. Die Allgäuer Schluchten bieten ideale Bedingungen für Canyoning. Ein besonderes Highlight ist die Starzlachklamm bei Sonthofen im Oberallgäu. Ein Ort, der stets neue Erfahrungen bereithält und an dem einem niemals langweilig wird.

Auszeit mit Neuschwanstein-Blick

Den Ausblick auf das Königsschloss Neuschwanstein während einer Auszeit genießen? Kein Problem. In der königlichen **Kristalltherme Schwangau** ist das das Geringste! Auf rund 14 000 Quadratmetern Wohlfühlfläche kann hier entspannt werden. Unter anderem warten ein Edelstein-Ruhe-Raum, ein Hamam und fünf Themensaunen.

↑ Nach oben gucken kann sich dank der schönen Giebel lohnen …
→ Die Breitachklamm ist eine von zahlreichen Schluchten und Klammen im Allgäu.

DINNER IN DEN GOLDENEN ZWANZIGERN

Im **Nostalgie-Restaurant Madame Plüsch** werden Sie in die 20er-Jahre entführt. Im Ludwig-Zimmer, dem Sissi-Kabinett oder einfach im Freien können Sie in einer einzigartigen Atmosphäre genießen, entspannen und dinieren.

EIN GASTHAUS MIT TRADITION

Die Wirtsfamilie führt das traditionsreiche Erbe des Gasthauses **Zum Schwanen** fort, das ein gemütlicher Ort des Zusammenseins sein soll – für Jung und Alt, für Einheimische und Besucher aus aller Welt. Hier legt man großen Wert auf frische, qualitativ hochwertige Produkte und deren Herkunft.

IN BERÜHMTER NACHBARSCHAFT

Erleben Sie im familiengeführten **Schlossrestaurant Neuschwanstein** einen unvergesslichen Aufenthalt, umgeben von historischem Charme. Es gibt eine Auswahl an regionalen Köstlichkeiten sowie internationale Klassiker. Von der Terrasse blickt man auf Neuschwanstein.

SPEISEN AM SEE

Unweit von Füssen liegt der malerische Mittersee. Bei gutem Wetter können Sie die Aussicht auf den See von der Terrasse der **Waldwirtschaft am Mittersee** genießen. Falls das Wetter einen Aufenthalt im Freien nicht zulässt, wird man in der gemütlichen Stube willkommen geheißen – bei Kaffee und Kuchen sowie regionalen kleinen Speisen.

Der Alpsee und Schloss Hohenschwangau, eingebettet in die grüne Idylle des Allgäus

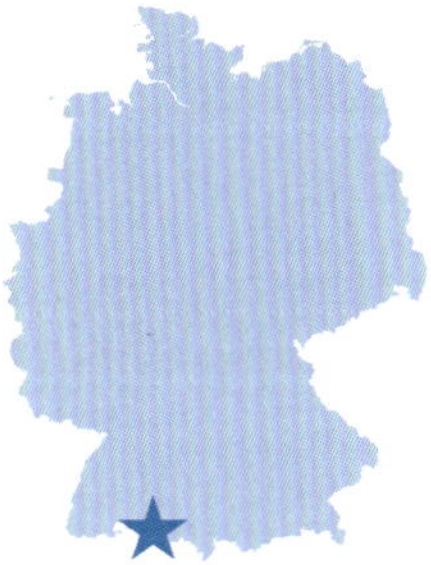

29 Seen-Idylle in und um Konstanz

Konstanz ist das Paradies am Bodensee für einen Wochenendtrip! Mit der malerischen Seepromenade, den historischen Schätzen in der Altstadt und kulinarischen Genüssen in Panorama-Restaurants ist die Stadt ein wahres Kleinod.

Am Bodensee wartet eine wahre Perle. Wenn Geschichte und Moderne harmonisch aufeinandertreffen, gibt es unzählige Möglichkeiten, die Tage zu gestalten. Ein Spaziergang entlang der malerischen Seepromenade – vor einem der in der Sonne glitzernde Bodensee und das beeindruckende Panorama der Alpen, das in die Höhe schießt – ist Balsam für die Seele. Die sanften Wellen beruhigen und die frische Seeluft belebt Körper und Geist, während der Ausblick auf die vorbeiziehenden Segelboote seine fast schon meditative Wirkung entfaltet – vielleicht während man im idyllischen Stadtgarten entspannt?
Tauchen Sie ein in die lebendige Altstadt von Konstanz, die mit ihren verwinkelten Gassen und historischen Gebäuden eine Reise in die Vergangenheit ermöglicht. Das Konstanzer Münster ist ein architektonisches Meisterwerk, dessen Turm 193 Stufen hat. Für einen atemberaubenden Blick über die Stadt und den See muss man diese nur erklimmen. Die Gastronomie in Konstanz verzaubert mit einer Vielfalt, die von gemütlichen Cafés bis hin zu exquisiten Restaurants reicht. Genießen Sie regionale Spezialitäten und internationale Küche in der entspannten Atmosphäre der Bodenseeregion. Ein Abendessen am Ufer des Sees mit regionalen Weinen ist ein absolutes Muss. Nicht nur in der Stadt selbst, auch in der umliegenden Region kann man viel entdecken. Ein Ausflug zur Insel Mainau, auch bekannt als die Blumeninsel, mit prächtigen Gärten und dem Schmetterlingshaus sollte aufs Programm. Oder eine Erkundung der umliegenden Weinberge inklusive Weinprobe in einer der vielen lokalen Kellereien.
Konstanz ist ein Ort, der für jeden etwas bietet – ob Sie nun auf der Suche nach Kultur, Entspannung oder kulinarischen Genüssen sind. Ein Wochenende hier ist eine perfekte Auszeit vom Alltag, eine Gelegenheit, neue Energie zu tanken und unvergessliche Erinnerungen zu sammeln.

↗ Der Rheintorturm ist ein markantes historisches Bauwerk, das einst als Teil der Stadtbefestigung diente.

Ankunft

ABEND

Pulsierender Veranstaltungsort

Im Herzen von Konstanz, wo sich die Dynamik der Stadt mit der entspannten Atmosphäre des Bodensees vereint, steht das Bodenseeforum – ein Ort, der Kultur, Unterhaltung und Gemeinschaft zusammenbringt. Bekannt für seine vielfältigen Veranstaltungen, ist das **Bodenseeforum** eine Anlaufstelle für alle, die am Freitagabend etwas unternehmen wollen. Zum Beispiel finden hier regelmäßig After-Work-Parties und andere Events wie Konzerte und Festivals statt.

Geschichten im Mondlicht

Ein **Rundgang mit dem Nachtwächter** ist mehr als nur ein Spaziergang. Es ist eher eine lebendige Geschichtsstunde, die ein unvergessliches Erlebnis und ein tiefes Verständnis für das historische Konstanz verspricht. Man taucht in die faszinierende Welt des Mittelalters ein und begleitet einen mittelalterlichen Nachtwächter auf seinem nächtlichen Streifzug durch die Niederburg, den ältesten und wohl geheimnisvollsten Teil von Konstanz. Dieser einzigartige Rundgang bietet Ihnen die seltene Gelegenheit, die Stadt aus einer völlig anderen Perspektive zu erleben – durch die Augen eines Nachtwächters des 14. Jahrhunderts.

Tag 1

VORMITTAG

Klassischer Altstadtrundgang

Wer Konstanz zum ersten Mal erkundet, sollte den Samstag mit einem klassischen **Altstadtrundgang** beginnen. Die Tour ist eine perfekte Mischung aus Information und Geschichte. Von den historischen Sehenswürdigkeiten wie dem Konzil und der Statue der Imperia bis hin zum beeindruckenden Münster erlebt man alle wichtigen Sehenswürdigkeiten.

In der grünen Oase

Der **Stadtgarten** in Konstanz ist eine friedliche grüne Oase auf einer kleinen Halbinsel im Bodensee. Spazieren gehen, auf Bänken entspannen oder ein Picknick mit Blick auf das See- und Alpenpanorama … Der Park bietet wunderschöne Blumenbeete und schattige Baumalleen, perfekt, um entspannt in den Tag zu starten. Auf der Konzertmuschel finden im Sommer häufig Veranstaltungen statt – von Tanzevents bis hin zu kleinen Konzerten.

NACHMITTAG

Im Abenteuerland

M10 True Active in Konstanz ist das ultimative Ziel für alle, die unvergesslichen Spaß und aufregende Abenteuer suchen. Man taucht in eine leuchtende Schwarzlichtkulisse ein und wird dabei Teil einer

fantastischen Welt. Stellen Sie Ihre Fähigkeiten im Indoor-Ninja-Parcours unter Beweis, genießen Sie ein einzigartiges Erlebnis beim 3-D-Minigolf in den faszinierenden Themenwelten oder meistern Sie das Laser Maze und beweisen Sie Ihre Geschicklichkeit.

Eine Runde Mini-Urlaub, bitte!

45 Minuten Ruhe auf einer Wellnessliege. Und das in einer **Salzgrotte** aus über 28 Tonnen Himalaya- und Totes-Meer-Salz. Bei dem Gedanken kann einem schon mal schummrig werden. In Wahrheit ist dieses einzigartige Ambiente reich an Mineralien, aus denen neue Kraft geschöpft werden kann. Also einfach durchatmen! Das hilft bei Atemwegsbeschwerden, Hautproblemen und Stress.

ABEND

Europas längste durchgängig bespielte Bühne

Das **Theater Konstanz** hat drei Spielstätten: das Stadttheater, die Werkstatt und die Spiegelhalle. Ursprünglich war das Stadttheater Teil des Jesuitenkollegs und begann die Theatertradition mit einer Aufführung der Jesuitenschüler im Jahr 1607. Bekannt als die längste durchgängig bespielte Bühne Europas, übertrifft das Theater Konstanz sogar das Theater Ulm. Es ist nicht nur ein Zentrum für kulturelle Darbietungen, sondern auch ein bedeutendes historisches Wahrzeichen der Stadt.

Rätselspaß am Abend

Ein etwas anderer Tagesausklang wartet im **Escape Room Konstanz**. Hier kann man in eine Welt voller Spannung, Abenteuer und mysteriöser Rätsel eintauchen. Während des Spiels müssen verschlossene Schlösser geöffnet, Rätsel gelöst und komplexe Aufgaben gemeistert werden, um geheime Codes zu entschlüsseln – und das alles gegen die Zeit! Ein intensives Erlebnis voller Adrenalin und Vergnügen wartet.

↑ Der Bahnhof von Konstanz ist inspiriert vom Palazzo Vecchio in Florenz ...
↙ Die historische Altstadt ist aus dem 12. bis 15. Jahrhundert.

CONSTANZER WIRTSHAUS

Das historische Gebäude wurde ursprünglich im Jahr 1899 von Kaiser Wilhelm II. als Offizierscasino errichtet und bietet heute ein authentisches Wirtshauserlebnis direkt am Rhein mit traditionellen Speisen und Getränken. Drinnen wartet eine gemütliche Bierstube.

FEINSTER SEEBLICK

Im **Steigenberger Hotel** in Konstanz wartet ein kleines Paradies, das außergewöhnliche und köstliche Kreationen in unterschiedlichem Ambiente bereithält. Im Seerestaurant gibt es internationale Gerichte, die mit frischen, regionalen Zutaten zubereitet werden und die man mit Blick auf den Bodensee genießen kann.

Paddelspaß in Allensbach

Wer ein bisschen aktiver in den letzten Tag am Bodensee starten möchte, kann sich auf eine Tour mit Stand-up-Paddle-Boards (SUP) freuen, um die Freiheit und Schönheit des Sees auf ganz persönliche Weise zu erleben. In Allensbach wartet während der Saison ein SUP-Verleih, aber mit dem eigenen Board kann man ganzjährig paddeln.

Tag 2

VORMITTAG

Seefahrtsträume

Von Konstanz aus kann man zu einer **Schifffahrt auf dem Überlinger See** aufbrechen, einem Teil des Bodensees, der sich vollständig auf deutschem Hoheitsgebiet befindet. Dabei kann man das charmante Meersburg, die farbenfrohe Blumeninsel Mainau, die historischen Pfahlbauten, die eindrucksvolle Wallfahrtskirche Birnau bewundern und dann entlang einer der längsten Uferpromenaden in Überlingen schlendern. Die Fahrt kann als Rundfahrt gebucht werden oder als Tagesticket, sodass man aus- und wieder einsteigen kann, wo man möchte.

NACHMITTAG

Auf der Blumeninsel

Die **Insel Mainau** ist ein wahres Naturparadies im Bodensee und auch bekannt als die Blumeninsel. Auf Mainau warten vor allem atemberaubende Gärten wie der italienische Rosengarten, das faszinierende Schmetterlingshaus und das beeindruckende Arboretum. Die Schönheit der Insel kann einen schon mal in ihren Bann ziehen und begeistert mit ihrer Farbenpracht. Die Insel Mainau ist auch ein Ort der Ruhe und Entspannung und der grandiosen Aussichten auf den Bodensee sowie das Alpenpanorama.

Ruinenzauber

Die **Ruine Alt-Bodman** ist ein kleines historisches Juwel auf dem malerischen Höhenzug Bodenwald. Dort thront diese beeindruckende Ruine 232 Meter über dem Seespiegel, nahe dem Hofgut Bodenwald. Von dort hat man einen faszinierenden Blick über weite Teile des Überlinger Sees. Die Ruine kann über einen Waldweg vom Bodenwald aus oder über den Wanderweg vom Tal aus erreicht werden.

↖ Der Schwanenbrunnen ist eines der Highlights auf der Insel Mainau.
→ Die Blumenwassertreppe verbindet die Terrassen mit dem Ufer.

BISON GEFÄLLIG?

Das **Hofgut Bodenwald** auf dem Hochplateau am Bodanrück liegt in einer malerischen Landschaft auf etwa 700 Metern Höhe. Im großen Biergarten kann man essen und entspannen, an Wochenenden inklusive Flohmarkt und Livekonzerten. Ende Oktober/Anfang November findet die jährliche Bisonwoche statt.

ALOHA AM BODENSEE

Was kommt raus, wenn man Waikiki-Flair mit Bodensee-Idylle vereint? Ein hawaiianisches Restaurant am Rande von Konstanz natürlich! Das **KO'ONO** ist ein familienfreundliches Restaurant und Hotel, in dem man entspannt abtauchen und genießen kann – Blick auf die Insel Mainau inklusive.

30 Kopfsteinpflaster bis Gipfelglück in Freiburg und im Schwarzwald

Freiburg ist ein Juwel im Herzen des Schwarzwalds, dessen Altstadt per App oder im Rahmen einer Tour entdeckt werden kann. Im Schwarzwald warten dagegen dichte Wälder, Erholung und Nervenkitzel.

Eingebettet in die herrliche Landschaft des Schwarzwalds, wartet Freiburg im Breisgau im Dreiländereck in direkter Nähe zur französischen und Schweizer Grenze. Entdecken Sie die engen Gassen und idyllischen Kopfsteinpflasterstraßen, die von historischen Bauten gesäumt sind und in denen sich moderne Lebensart harmonisch in das traditionelle Stadtbild einfügt.
Lassen Sie sich bei einer der vielen Stadtführungen verzaubern – ob durch eine interaktive App-gestützte Schnitzeljagd auf eigene Faust, mit einem Schauspieler, der das Mittelalter zum Leben erweckt, oder bei einer genussvollen Weinwanderung auf den Schlossberg … Jede Tour offenbart einzigartige Facetten Freiburgs und seine faszinierende Geschichte.
Da Freiburg mitten im Herzen des Schwarzwalds liegt, ist die umgebende Natur ein echtes Highlight. Es gilt, geheimnisvolle Wälder und kristallklare Seen zu erforschen, die nicht nur zu Ruhe und Entspannung einladen, sondern auch abenteuerliche Erlebnisse versprechen. Auf malerischen Pfaden durch dichte Wälder wandern, idyllische Bergdörfer entdecken und Ausblicke in die Ferne genießen, die einem den Atem rauben … So ist der Schwarzwald!
Für Adrenalinsuchende ist der Europapark, einer der größten Vergnügungsparks Europas, ein absolutes Muss. Hier warten Achterbahnen, Shows und Attraktionen, die für jeden Geschmack etwas bieten. Ob jung oder alt, der Europapark bietet eine unvergessliche Auszeit vom Alltag voller Spaß und Spannung. Neben all dem haben Freiburg und sein Umland auch noch einige regionale Spezialitäten zu bieten und leben von der lokalen Weinkultur. Freiburg ist der perfekte Ort, um die Vielfalt des Schwarzwalds in all ihren Facetten zu erleben.

↗ Die Altstadt von Freiburg ist ein Labyrinth aus engen Gassen und historischen Gebäuden.

Ankunft

ABEND

Stadttour im eigenen Tempo

Nach dem entspannten Ankommen in Freiburg kann es losgehen. Für die erste **Stadterkundung** braucht es nichts weiter als ein eigenes Smartphone. Mit einer interaktiven App kann man sich auf den Weg über die Kopfsteinpflasterstraßen der Altstadt machen und so allerlei Wissenswertes über Kathedrale, Rathaus und Co. erfahren. Für den zusätzlichen Fun-Faktor kann man eine Rätseltour machen und so die Stadttour mit einer interaktiven Schnitzeljagd verbinden.

Theater, Oper oder doch ein Konzert?

Das **Theater Freiburg** ist das älteste und größte Theater der Stadt. Es geht auf einen Besuch von Marie Antoinette im Jahr 1770 zurück und präsentiert ein erstklassiges Theatererlebnis mit einer Mischung aus Theaterstücken, Opern und Konzerten in verschiedenen Spielstätten: dem Großen Haus, dem Kleinen Haus, der Kammerbühne und dem Werkraum.

Tag 1

VORMITTAG

In Freiburgs luftigen Höhen

Um auf den **Turm des Freiburger Münsters** zu gelangen, müssen 335 Stufen überwunden werden. Perfekt, um sportlich in den Tag zu starten! Der Turm ist 116 Meter hoch und gilt als ein herausragendes Beispiel gotischer Architektur. Von dieser erhöhten Position aus eröffnet sich ein beeindruckender Panoramablick über die Dächer der Innenstadt. Es ist geradezu erstaunlich, dass das Freiburger Münster während des Zweiten Weltkriegs von den Zerstörungen durch Bombenangriffe verschont wurde und so heute immer noch erklommen werden kann.

Ein Stück Japan in Freiburg

Lieber entspannt den Tag beginnen? Das geht im idyllischen **Freiburger Japangarten**, der am Ufer des Seeparks liegt. Er wurde im Jahr 1990 als Partnerschaftsgeschenk für die Bewohner von Freiburg von dem japanischen Gartenarchitekten Yoshinori Tokumoto aus Matsuyama geplant und in Zusammenarbeit mit drei japanischen und zehn Freiburger Gärtnern angelegt. Die Steinlaternen sind Originale aus Japan. Der Japanische Garten soll traditionell ein Ort der Ruhe und Besinnung sein und bietet dank seiner Lage am Seepark einen idealen Rückzugsort für Erholungsuchende.

NACHMITTAG

Ein Spaziergang durch die Geschichte

Die dunklen Kapitel der **Freiburger Geschichte** können hautnah erlebt werden: indem man sie mit einem Schauspieler nachläuft. Zum Beispiel mit Catharina Stadellmenin, besser bekannt als die Hexe von Freiburg. Oder mit einer Dame aus dem 16. Jahrhundert auf einem Streifzug durch die mittelalterliche Stadt, bei dem man mehr über das älteste Gewerbe der Menschheit erfahren kann.

Wein & Wandern

Bei einer **Panoramaweinwanderung** auf dem Freiburger Schlossberg erlebt man nicht nur den Blick über den Rheingraben zum Kaiserstuhl. Man kann auch so einiges über Wein, Weinproduktion und den Freiburger Schlossberg lernen. Aber was wäre so eine Weinwanderung ohne eine Verkostung? Daher gibt es eine Kostprobe von einem Weingut im Kaiserstuhl.

ABEND

Ein Abend unter Sternen

Ok, im Planetarium sieht man nicht den echten Sternenhimmel, sondern eine realistische Simulation, die es ermöglicht, ihn bei jedem Wetter und zu jeder Tageszeit in seiner vollen Pracht zu erleben. Diese Tech-

↗ Beim Blick auf Freiburg von oben fühlt man sich fast in der Zeit zurückversetzt.
← Der Pavillon im Seepark wird auch liebevoll Tempelchen genannt.

nologie erlaubt außerdem faszinierende Reisen durch Raum und Zeit, zu Planeten, Sternen oder in fremde Galaxien. Das **Freiburger Planetarium** zählt zu den modernsten seiner Art weltweit. Samstagabends finden für gewöhnlich Vorführungen statt.

Lasertag Denzlingen

Seit *How I met your mother* auch in Deutschland beliebt ist, kann man den Abend mit **Lasertag** verbringen. Spieler erhalten eine kurze Einweisung von geschultem Personal sowie eine Weste und ein Lasergerät. Dann findet man sich in einem abgedunkelten Raum wieder, der mit Hindernissen und Verstecken gestaltet ist. Musik, fluoreszierende Bilder und Nebel sorgen für zusätzlichen Spielspaß, während man sich durch das Labyrinth schlägt. Was man dafür braucht? Nur ein wenig Zielgenauigkeit und taktisches Geschick!

SCHMAUSEN IM HERZEN DER ALTSTADT

Direkt am Augustinerplatz liegt die traditionsreiche **Hausbrauerei Feierling**. Seit über 140 Jahren wird hier Bier gebraut. Die Spezialität Inselhopf ist ein naturtrübes Vollbier aus ökologischen Rohstoffen. Zum Lokal gehört ein großer Biergarten unter alten Kastanienbäumen. Im stilvollen Ambiente können Gäste eine regionale, bürgerliche Küche genießen.

MIT BESTEM BLICK DINIEREN

Das **Schlossbergrestaurant Dattler** ist eines der besten Restaurants in Freiburg und mit Sicherheit das mit der schönsten Aussicht. Im Sommer sitzt man auf der großzügigen Terrasse und kann von dort das elegante Ambiente und die badisch-regionale Küche genießen.

Entspannung am See

Wer keine Lust auf Achterbahnen und Co. hat, kann am **Waldmattensee** entspannt in den Tag starten. Der See ist ein Baggersee mit rund 15 Hektar Fläche, hat eine gute Wasserqualität und ist daher – in den ausgewiesenen Bereichen – zum Baden geeignet. Er ist von einer malerischen Landschaft umgeben. Die großzügige Liegewiese eignet sich für ein Picknick. Alternativ kann man im Karpfenstüble auf der Seeterrasse einkehren und sich kulinarisch verwöhnen lassen.

NACHMITTAG

Im Badeparadies

Hier ist der Name Programm: Im **Badeparadies Schwarzwald** kann man den Wochenendtrip wunderbar ausklingen lassen. Und das auf nicht weniger als 60 000 Quadratmetern Fläche mit mehr als 300 echten Palmen, 12 Saunen im textilfreien Palais Vital und mehr als 18 einzelnen Pools. Da geht das Entspannen doch ganz leicht!

Tag 2

VORMITTAG

Darf's ein bisschen Nervenkitzel sein?

Ein Besuch im **Europa-Park** in Rust ist ein aufregendes Abenteuer für die ganze Familie. Der beliebte Freizeitpark zählt zu den größten in Europa und bietet abwechslungsreiche Attraktionen und Unterhaltungsmöglichkeiten. Von atemberaubenden Achterbahnen über nostalgische Karussells bis hin zu spektakulären Shows gibt es hier für jeden Geschmack etwas zu erleben. Die detailreiche Gestaltung der Themenbereiche, die die verschiedenen europäischen Länder repräsentieren, entführt die Besucher in eine authentische und faszinierende Welt.

Wanderschuhe an, Rucksack auf und los!

Der **Feldberg** bietet alles, was das Herz eines jeden Wanderers begehrt: unberührte Wälder, weite Wiesen, plätschernde Bäche und kleine Wasserfälle. Ganz zu schweigen vom Feldsee, einem geschützten Naturparadies mit kristallklarem Wasser und idyllischen Plätzen am Ufer. Oben auf dem Gipfel des Feldbergs in fast 1500 Metern Höhe wartet ein atemberaubender Ausblick auf die Wälder, Felder und die malerischen Dörfer im Schwarzwald.

↖ Der Schwarzwald – ein Paradies für Wanderbegeisterte!

→ Die Welt steht Kopf, der Atem stockt – Achterbahnen sind nichts für schwache Nerven!

PERFEKT ZUM EINKEHREN

Im Restaurant **Köhlerei am See** wartet eine kulinarische Vielfalt, die kreativ die badische Küche und typische Schwarzwälder Spezialitäten vereint. Hier legt man großen Wert darauf, die Landwirte im Südschwarzwald zu unterstützen. Frische, hochwertige, regionale Produkte werden hier mit Hingabe und Sorgfalt zubereitet.

GASTFREUNDSCHAFT AM TITISEE

Das **Kurhaus Titisee** bietet nicht nur einen atemberaubenden Blick auf den Titisee und die umliegende Schwarzwälder Landschaft, das Restaurant hat auch eine schöne Terrasse, auf der man die regionalen und internationalen Spezialitäten, die wechselnden Saisonkarten und hausgemachten Kuchen in einer gemütlichen Atmosphäre genießen kann.

Register

Bildnachweis

Alle Bilder im Innenteil stammen von **Barbara Riedel**, außer:

Depositphotos: S. 5 l. (pizzatravel); 8 (Axel Bueckert); 11 (travellaggio); 13, 14/15 (Marc Venema); 17 (Magdalena Dral); 20/21 (Sean Pavone 2015); 23 (mashua); 24 (EllyMiller); 25 (Knut Niehus); 26 (Andrelix); 27 (jjfarquitectos); 32 (Karl-Heinz Spremberg); 33 (Steidi); 39 (animaflora); 47 (Margarita Borodina); 53 (kle1njke); 59, 62/63 (LianeM); 61 (Bernd54/ Agentur Kröger); 77 (Felix Pergande); 85 (Moskwa); 86, 87 (oliverhlavatyphotographie); 170 (faabi); 173 l. (bloodua); 173 r., 175 (Simon Dannhauer); 174 (AlexGukBO); 176/177 (Mikalai Zastsenski); 179 (Boris Stroujko); 180 (Oleksandr Prykhodko); 181 (Leonid Andronov); 182 (Giuseppe Masci); 185 (xbrchx); 186 (PantherMediaSeller); 187 (peresanz); 188 (AndreasZerndl); **Shutterstock:** S. 30 (JohanMorin); 96 (frantic00); **Andere:** S. 3, 5 r., 29, 31, 71, 72, 74, 75, 83, 84, 111 (Jan Wehnert); 19 (Cornelia Döring); 44 (Gemeinde Schwanewede); 45 (WFB / Carina Tank); 48 (Stefan Schulze); 49 o. (Lars Gerhardts); 49 u. (Christian Wyrwa); 50 (Hans F Meier); 51 (Hannover Marketing GmbH); 68 (KPM); 79, 80/81 (Mario Hochhaus); 83, 84 (Jan Wehnert); 93 (Markus Luigs/Düsseldorf Tourimus GmbH); 98 (Schloss Pfaffendorf); 99 (Marc Eickelmann); 123 (Katrin Bachmann); 189 (Europapark); **Lookphotos:** S. 51 (Borges, Darshana); 69 (Pollex, Sylvia); 153 (Ixmeier, Markus); 183 (Daniel Schoenen Fotografie); **Adobe Stock:** S. 119 (Birgit Reitz-Hofmann); 120 (Branko Srot); 121 (Burkhard Kuster); 167 (Peter Widmann); 168 (Luciana); 169 (Marius Nebgen).

Impressum

Verantwortlich: Ronja Holzinger
Layoutgestaltung: Mathias Frisch
Covergestaltung: Dominik Günzinger
Lektorat: Anne Tempke
Korrektorat: Mareike Weber
Satz: Ewald Tange, München
Repro: LUDWIG:media
Kartografie: Kartografie Huber, Heike Block
Herstellung: Alexander Knoll
Printed in Türkiye by Elma Basim

Sind Sie mit diesem Titel zufrieden? Dann freuen wir uns über Ihre Weiterempfehlung.
Erzählen Sie es im Freundeskreis, berichten Sie Ihrem Buchhändler, oder bewerten Sie bei Onlinekauf. Und wenn Sie Kritik, Korrekturen, Aktualisierungen haben, freuen wir uns über Ihre Nachricht an Bruckmann Verlag, Postfach 40 02 09, D-80702 München oder per E-Mail an lektorat@verlagshaus.de.

Unser komplettes Programm finden Sie unter

In diesem Buch wird aus Gründen der besseren Lesbarkeit das generische Maskulinum verwendet. Weibliche und anderweitige Geschlechteridentitäten werden dabei ausdrücklich mitgemeint, soweit es für die Aussage erforderlich ist.

Empfehlung der Redaktion: Sie sind auf der Suche nach weiterführender Literatur? Dann empfehlen wir Ihnen den Titel »Ich war noch niemals in ... Malerische Städte in Deutschland entdecken« von Julia Schattauer.

Umschlagvorderseite: Hamburgs Speicherstadt (shutterstock/powell'sPoint), Blick auf die Bastei Brücke (lookphotos/olafprotze), Illustrationen (shutterstock/Happy Art). **Umschlagrückseite:** Illustrationen (shutterstock/Keep Calm and Vector), futuristischen Gehry-Bauten in Düsseldorf, Cocktail über den Dächern Berlins (Barbara Riedel), Erholung am Chiemsee (lookphotos/Mueringer, Christian).

Die Deutsche Nationalbibliothek verzeichnet diese Publikation in der Deutschen Nationalbibliografie; detaillierte bibliografische Daten sind im Internet über http://dnb.d-nb.de abrufbar.

ISBN: 978-3-7343-3016-2